# 내 성적으로는
## 서울대 못 갈 줄
# 알았다

지금 공부해도 절대 늦지 않습니다!

# 내 성적으로는 서울대 못 갈 줄 알았다

한정윤 지음

체인지업
CHANGEUP

# 진짜 성적 상승은
# '효율 극대화 공부법'에서 시작된다

'내 성적으로는 서울대 못 갈 줄 알았다!'

이 책의 제목에서도 알 수 있듯이 저는 고등학교에 진학해 본격적으로 공부를 시작하기 전까지만 해도 서울대와는 거리가 먼 학생이었습니다. 중학교 때는 어렵지 않게 좋은 성적을 받아 들고 자신만만한 생활을 했었기에, 당연히 '나는 공부를 잘하는 사람'으로 알고 살았습니다. 하지만 더 큰 도시로 고등학교를 간 저는 그저 우물 안 개구리에 불과했음을 절실히 깨달았지요. 아픈 현실을 깨닫고는 그때부터 '진짜 공부'를 시작했습니다. 물론 열심히 했지만, 곧바로 성적 상승의 길을 열어 주었던 것은 아니었습니다.

처음에는 제 주위의 공부를 잘하는 친구들을 따라 해 보려 노력했습니다. 그들이 풀던 문제집, 그들의 공부 습관, 그들의 생활 패턴 하나하나를 전부 따라 하며 조금이라도 성적을 올려보려 했습니다. 하지만 제가 맞지 않은 옷을 입은 듯, 그 시도는 모두 실패로 돌아갔습니다.

그 친구들과 나는 습관과 환경, 성격부터 모든 것이 달랐습니다. 각자가 활용할 수 있는 최적의 공부법 또한 서로 다를 수밖에 없었지요. 그 사실을 깨달은 후, 나만의 공부 방법을 찾기 위한 시도를 이어 나갔습니다. 다른 친구들의 방식을 따라 하는 것보다 훨씬 힘든 길이라는 사실을 잘 알았지만, 효율적인 공부법을 찾기 전에는 결코 성적을 올릴 수 없음을 깨달았기 때문에 제게는 다른 선택지가 없었습니다. 그래서 저는 고등학교를 다니는 기간 동안 남들보다 열심히 노력했고, 새로운 시도도 많이 해봤습니다. 그리고 이 책에 적힌 모든 내용은 당시에 백척간두(百尺竿頭)의 심정으로 한 발 한 발 걸어 나가며 직접 찾았던 해답들입니다.

물론 이 책에 담은 내용이 '누구에게나' 정답일 수는 없습니다. 저 역시 친구들을 무턱대고 따라했다가 실패를 경험했으니까요. 그러니 여러분은 여기 적힌 내용들을 '그대로' 받아들이기보다는 자신에게 맞는 방식으로 변형해 적용하기를 추천합니다. 예를 들면, 저는 암기 과목의 개념을 공부할 때 '먼저 개념을 얕게 훑은 뒤, 문제를 많이 풀어보며 내용을 확고히 기억하는 방식'을 제시했습니다. 이는 암기를 싫어하는 제 개인적인 특성을 고려한 학습 방법입니다. 하지만 만약 여러분이 암기 과목을 이해 위주의 적용 과목보다 좋아한다면, '개념을 먼저 확고히 암기한 뒤, 문제를 풀어보며 개념의 학습 정도를 점검하는 것으로 변형해 활용할 수 있습니다. 이 책을 읽으며 '이 방법은 나에게 잘 맞지 않을 것 같은데?' 하는 생각이 든다면, 언제든지 그 '맞지 않는' 부분을 '맞는' 내용으로 바꾸어 자기 상황에 적용하기 바랍니다.

만약 여러분의 공부 내공이 생각보다 많이 낮다고 생각된다면, 즉 이 공부법이 나에게 맞는지 맞지 않는지를 바로 판단할 수 있는 수준까지는 쌓이지 않았다면, 이 책에 적힌 내용을 한번 그대로 따라 해 보기를 권합니다. 이는 '공부 내공이 쌓이지 않은 학생들에게 이 책에 적힌 내용이 정답이라는 것'을 뜻하는 게 아닙니다. 이 학생들에게 가장 필요한 것은 '자신만의 공부 방법을 찾는 것'이고, 이는 반드시 시행착오라는 경험을 통해 이루어집니다. 그러니 최대한 빨리 시행착오를 겪은 뒤 이를 바탕으로 '나만의 공부법 찾기'에 성공하기를 바랍니다.

저 역시 자신만의 공부법을 찾는 데 있어 그동안 노력도, 실패도 많이 했습니다. 그 과정 속에서 공부 잘하는 친구들의 공부법에도 많은 영향을 받았습니다. 다만 당시의 제 공부 내공이 내게 맞는 공부법인지 아닌지를 곧바로 판단할 수준이 아니었을 뿐입니다. 그러니 여러분은 이 책을 참고로 공부 잘하는 친구들의 공부 비법을 쉽게 이해하고, 자기에게 적합한 방식으로 변형해 직접 교과목 학습에 접목해 보길 바랍니다.

누구에게나 공부는 어렵습니다. 그 어려움의 정도는 사람마다 다르지만, 중요한 것은 그 어려움을 조금 더 빠르고 효과적으로 극복할 방법을 찾는 것입니다. 그리고 여기 담긴 내용은 여러분이 마주하는 그 어려움들을 해결하는 데 최고의 도움이 될 것입니다. 이 책의 내용을 그대로 받아들이던, 혹은 자기 상황에 맞게 변형하여 받아들이던, 학습에 있어 해결해야 할 부분이 있다면 적극적으로 아낌없이 활용하기를 바랍니다.

5년 전 한 학생에게 그러했듯이, 여러분에게도 이 책에 담긴 내용들이 공부의 방향을 알려주는 최고의 길라잡이가 되어 줄 것입니다. 그 길을 묵묵히 따르다 보면, 결국 목표한 지점에 다다를 수 있을 것입니다. 여러분의 여정이 성공적으로 매듭지어지기를 온 마음을 다해 기원합니다.

서울대 정치외교학과 21학번
국내 대표 입시 사이트 '수만휘' 공식 멘토
한정윤

# 목차

 **PART 01**

# 나를 아는 순간,
# 시작되는 진짜 공부

# 방학부터 시험까지, 한 학기 전략적 로드맵

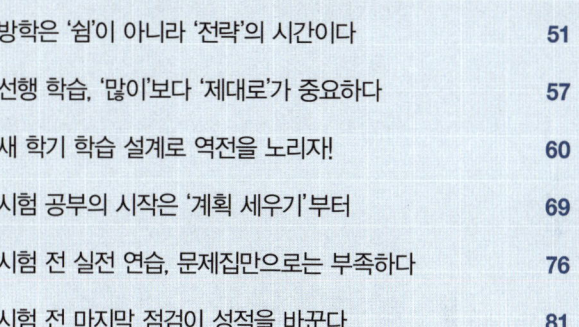

# 효율이 폭발하는 공부 루틴의 비밀

# 공부의 숨은 3대 변수
## 집중·체력·환경

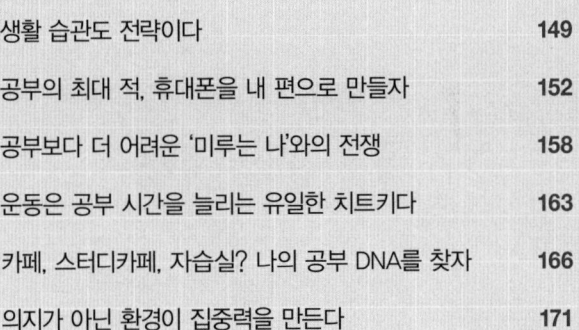

# PART 05 공부의 승패는 결국 멘탈에서 결정

# PART 06 꼭 집어주는 과목별 공부 튜토리얼
## - 국어·수학·영어·사회·과학 -

# 나를 아는 순간,
# 시작되는 진짜 공부

BASIC    ROAD MAP    MIND

# 학습의 '기초'는 어디까지를 말할까?

## 배움에는 '연결고리'가 있다

초중고 학생들의 공부 커리큘럼에는 일련의 '연속성'이 있습니다. 초등학교 공부가 중학교 학습의 기초가 되고, 초중등 학습이 고등학교 학습의 배경이 되기 때문입니다. 그래서 과목이나 단원마다 차이는 있어도, 대부분 과목은 이전에 배운 내용을 얼마나 탄탄히 익혔는지에 따라 이후 학습의 이해도와 성과가 크게 달라집니다.

하지만 많은 학생의 목적지가 '대입'이다 보니, '대입'에 결정적으로 영향을 미치는 고등학교 학습에만 너무 치중하는 실수를 저지르곤 합니다. 초중등 학습이 제대로 되어 있지 않은 채로 무리하게 고등 학습에 대한 선행을 이어 나가거나, 고등학생이 된 후 초중등 학습에 대해 제대로 점검하지 않은 채 학교 진도만 따라가는 것이 바로 이러한 실수입니다.

물론 각 과목과 단원에 따라 초중등 내용을 온전히 학습하지 못해도 이후 학습을 이어 나가는 데 큰 무리가 없는 경우도 있습니다. 보통 외우기만 하면 끝나는 암기 과목이 주로 그렇습니다. 하지만 개념과 공식 적용이 필요한 수학과 같은 과목은 기초 학습이 탄탄하지 않으면, 이후의 학습에도 큰 지장이 있기 마련입니다. 이때는 지금 자신의 위치와 학습 역량에 따라 공부 전략을 세워야 합니다. 우선 두 가지 상황으로 구분해 보겠습니다.

> **1.** 고등 학습을 본격적으로 준비해야 하는 예비 고1 혹은 고1 이상의 학생
>
> **2.** 고등 학습보다는 중등 이하 학습에 더 집중해야 하는 중3 이하의 학생

1에 해당하는 학생이라면, 암기 위주의 과목처럼 초중등 과정의 내용을 완벽히 이해하지 않아도 이후 학습에 큰 지장이 없는 과목들까지 모두 완벽하게 학습하고 넘어가는 것은 현실적으로 어려운 일입니다.

이 시점의 학생들에게 가장 필요한 것은 '지금 당장 진도를 나가고 있는' 고등 내용에 대한 학습이고, 그 학습을 이어 나가는 데 큰 차질이 없

다면 당장 필요한 것을 우선적으로 해야 하기 때문입니다.

하지만 수학과 같이 기초 내용에 대한 학습이 부족할 때 이후 학습에 무리가 발생하는 과목이라면 이야기가 달라집니다. 실제로 이런 과목들은 초중등 내용을 모르고 고등 학습을 이어가는 것이 불가능하기 때문입니다. 그래서 1의 학생도 국어·영어·수학 등의 기초 학습이 중요한 과목은 힘들어도 다시 학습하여 진도를 이어가야 합니다. 그래야 고등에서 필요한 학습이 가능합니다.

반면, 2에 해당하는 학생에게는 다음과 같은 단 하나의 답이 있을 뿐입니다.

"지금 나가는 진도에 집중해라!"

초중등 내용을 온전히 학습하지 못하면 이후 고등 학습에 큰 차질이 생기는 것은 물론이고, 그렇지 않은 과목이라 할지라도, 기초를 탄탄히 다진 후 고등 학습을 시작하는 게 훨씬 효과적이기 때문입니다. 1에 해당하는 학생들은 '어쩔 수 없이' 하지 못한다고 해도, 2에 해당하는 학생이라면 지금 시간이 있을 때 어떻게든 공부를 탄탄히 해 두는 것이 훨씬 효과적임을 누구나 알 수 있습니다.

물론, 2에 해당하는 학생들도 국어·영어·수학 등에서 초등 학습이 제대로 되어 있지 않아 현재 중등 학습에 차질이 생기고 있다면, 당연히 초등 학습을 먼저 한 뒤 중등 학습을 해 나가야 합니다. 고등 학습에만 국한되는 이야기가 아니라, '초등→중등→고등'으로 이어지는 일련의 학습 사이클 전반에 해당하는 이야기입니다.

그러면 지금부터는 1의 학생이 아직 학습이 완벽하지 못한 중등 이하 학습 내용에 대해 되돌아가 학습해야 할지를 결정해야 합니다. 우선 다음 사항을 점검해 봅시다.

## 기초는 '공부 탑의 디딤돌'

학생마다 자신의 실력이 어느 정도인지 확인하는 과정은 몹시 까다롭습니다. 전체적인 학습 실력이 우수하다면 오히려 명확하겠지만, 과목별 수준에 대해서는 어느 정도로 학습을 완료했는지 명확하지 않을 수 있습니다. 지금 고등학생이라면, 우선 고등 내용에 대한 학습을 진행하며, 중등 내용 중 어느 것이 필수 학습인지 아닌지를 파악하는 것이 무엇보다 중요합니다.

저 역시 고등학생이 된 이후 중등 내용에 대해 어느 정도로 학습을 완료했는지는 잘 알 수가 없었습니다. 그 상태 그대로 고등학교에 진학해 여러 공부를 마주한 뒤에야 제게 중등 이하의 과정 중 어느 부분이 부족한지 깨닫게 되었습니다. 그리고 그 부분은, 암기가 우선시되는 과목에 집중적으로 분포되어 있었습니다. 즉 적용이 우선시되는 과목에서는 수학을 제외한다면 학습을 위한 중등 이하 내용의 기초가 어느 정도 형성이 되어 있었던 것입니다.

덕분에 적용이 우선시되는 국어와 영어 같은 과목을 학습하는 데 어려움이 없었고, 암기 우선시 과목들 역시 학습에 큰 어려움이 없었습니다.

고등 학습은 초등 내용과 중등 내용이라는 디딤돌 위에 쌓아 올리는 탑과도 같습니다. 아무리 탑에 많은 돌을 올려도 디딤돌이 무너진다면 지금까지 해 온 모든 일이 전부 의미가 없어집니다. 그러니 고등 학습에서 필수적으로 갖춰야 할 디딤돌에는 어떤 내용이 포함되는지, 그리고 그 학습들을 지금까지 얼마나 충실히 쌓아 왔는지를 정확히 점검하고 다져가는 과정이 꼭 필요합니다.

# '공부'를 꼭 '공부'로
# 하지 않아도 된다

## 공부보다 더 자연스러운 배움, '경험'

공부란 세상에 대한 지식을 머릿속에 새기며 익히는 행위입니다. 공부를 통해 우리는 세상을 이해하고, 그 지식을 쌓아 갑니다. 하지만 세상에 대한 지식이 꼭 책상 앞에 앉아 책을 펼치고 해야 하는 것은 아닙니다. 여행하거나 영상을 보거나 책을 읽는 것처럼, 우리는 다양한 '경험'을 통해서도 세상을 배웁니다. 다만 이런 것들은 흔히 공부가 아닌 일상적인 경험으로 여길 뿐입니다.

그리고 이런 '경험을 통한 배움'은 공부보다 훨씬 자연스럽고 부담이 덜합니다. 예를 들어, 같은 주제인 '환경'에 대해 배운다고 가정해 봅시다.

1. 교과서와 참고서를 통해 배우는 방법

2. 유튜브나 인스타의 영상을 통해 배우는 방법

우리는 보통 1의 방법보다는 2의 방법을 더 쉽고 흥미롭게 여깁니다. 하지만 결과적으로 두 가지 모두 지식을 익힐 수 있는 방법입니다. 과정은 다를지라도 결과가 같다면, 더 편하고 흥미로운 방식을 선택하는 게 좋습니다.

특히 아이나 청소년기 학생들에게 2의 방식은 더욱 효과적입니다. 세상에 대한 지식을 배우는 과정에서는 흥미가 곧 동기가 되기 때문입니다. 저 역시 재미있게 배우는 경험이 지식을 더 오래, 더 깊게 남긴다는 것을 직접 느꼈습니다.

저는 고1 〈3월 모의고사〉부터 수능, 그리고 그 사이 여러 차례 치러진 '영어 듣기 평가'까지, 마킹 실수를 제외하면 단 한 번도 오답을 낸 적이 없습니다. 그러다 보니 친구들이 제게 이렇게 묻곤 했습니다.

"어떻게 공부했어?"

"영어 유치원 다녔어?"

"학원은 얼마나 다녔어?"

하지만 저는 영어 듣기를 위해 '공부'라고 할 만한 일을 한 적이 없습니다. 대신 영어권 유튜버들의 영상을 꾸준히 시청했습니다. 그것이 저에게는 자연스럽고 즐거운 '공부'의 형태였던 셈이지요.

그 나이대의 학생들이 좋아하는 것이 비슷하듯, 영상의 주제는 게임이 대부분이었습니다. 게임 유튜브를 보는 것은 누가 봐도 '공부'라고 보기는 힘듭니다. 하지만 그 영상 속에서 유튜버들이 주고받는 대화들은 그대로 제 영어 듣기 실력을 키워 주는 '경험치'가 되었습니다. 그 결과, 다른 학생들이 영어 듣기 문제집을 풀며 쌓은 실력과 비슷한 능력을 자연스럽게 얻게 된 것이지요. 결국 저는 '공부'라는 의식적인 노력 없이도 영어 듣기를 완전히 익힐 수 있었습니다.

독해력도 마찬가지였습니다. 초·중학생 시절, 저는 문학 작품은 물론 '우주'나 '고대 문명' 같은 주제의 책을 읽는 것을 무척 좋아했습니다. 도서관에서 15권 정도를 한 번에 빌려와 일주일 안에 전부 읽은 뒤 또 새로운 책으로 바꾸곤 했습니다. 그 시절에는 그런 독서를 '공부'라고 생각하지 않았습니다. 그저 재미있어서 읽었을 뿐이었지만, 돌이켜보면 제가 읽은 텍스트에 담겨 있던 정보들은 그대로 세상에 대한 지식이 되어 주었고, 그 시간이 제 독해력을 길러 준 가장 큰 밑거름이었습니다. 그렇게 전 '공부 없이' 고등 수준 학습에 전혀 문제가 되지 않을 정도의 독해력과 배경지식을 얻게 되었습니다.

# '공부'라는 틀에서 벗어나기

'모로 가도 서울만 가면 된다'라는 말이 있습니다. 그 과정이 어떻건 간에, 결과를 낼 수만 있다면 그것으로 족하다는 이야기이지요. 그리고 여기서 말하는 결과는 당연히 '학업적 성취'가 될 것입니다.

하지만 그 과정이 반드시 '공부', 즉 '하기 싫은데 억지로 해야 하는' 형태만을 말하지는 않습니다. 많은 학생, 그리고 학부모들이 공부에 대해 이런 강박에서 벗어났으면 좋겠습니다. 실제로는 그럴 필요가 전혀 없음을 제 경험을 통해 여러분에게 충분히 전달되었으면 하는 바람입니다.

# 내게 맞는
# 학습 수단을 찾아라

## 시행착오로 배우는 '나만의 공부법'

같은 내용을 공부하더라도 어떤 수단을 택하느냐에 따라 학습의 방향은 크게 달라질 수 있습니다. 예를 들어 수학 개념을 배울 때 인터넷 강의를 들을 수도 있고, 독학서를 활용하거나 학원에 다닐 수도 있습니다. 학습 방법의 선택은 공부의 효율과 흥미를 좌우하기 때문에 우리는 늘 어떤 방식을 택할지 고민합니다.

그리고 어떤 수단이 자신에게 가장 맞는지를 알기까지 수많은 시행착오를 거칩니다. 아무리 자신에 대해 잘 알고 있다고 해도, 각 학습 방법의 특성을 제대로 이해하지 못하면 잘못된 선택을 하게 마련입니다. 반대로, 학습 수단의 특성을 충분히 파악하고 있어도 자신에 대한 이해가 부족하다면 역시 올바른 결정을 내리기 어렵습니다.

문제는 대부분 학생이 두 가지 모두를 충분히 갖추지 못한 상태에서 공부를 시작한다는 점입니다. 그래서 공부의 첫 단계에서는 여러 학습 방법을 직접 시도해 보고, 그중 자신에게 가장 잘 맞는 학습 방식을 찾아내는 과정이 꼭 필요합니다. 공부에 대한 확고한 기준이 자리 잡기 전까지는, 저 역시 다른 학생들처럼 어떤 학습 방법이 나에게 맞는지 찾느라 수많은 시행착오를 겪었습니다.

초등 시절에는 주로 자습서를 활용했지만, 이 방법으로 약한 과목을 보완하기에는 한계가 있었습니다. 중학교 때는 학원을 다녀보았지만, 그 경험은 오히려 '나는 학원이라는 시스템과 맞지 않는 학생'이라는 사실만 확인시켜 주었을 뿐, 특별한 성과를 얻지는 못했습니다.

그래서 고등학교에 진학한 후, 제가 선택한 학습 방법은 '인터넷 강의'였습니다. 스스로 학습할 동기가 뚜렷했던 덕분에 강의를 미루는 일도 거의 없었고, 부족한 과목은 관련 특강을 추가로 들으며 보완할 수 있었습니다. 그 결과, 제게는 이 방식이 가장 효율적이고 의미 있는 학습 방법으로 자리 잡게 되었지요.

이전에 다른 방법들을 시도하며 겪었던 실패 경험, 그리고 인터넷 강의가 제게 맞는다는 확신을 바탕으로, 저는 입시를 마칠 때까지 꾸준히 이 방식을 주요 학습 수단으로 활용했습니다. 그 결과, 마침내 서울대학교에 입학하며 제가 목표했던 바를 이룰 수 있었습니다.

만약 제가 초등·중등 시절에 다양한 학습 방법을 시도하며 시행착오를 겪지 않았다면, 과연 고등학생이 된 후 자신에게 딱 맞는 학습 방식을 찾아 성공적인 공부와 입시 생활을 이어갈 수 있었을까요?

솔직히 말해 그런 경험 없이 처음부터 '인터넷 강의'라는 방법을 바로 찾아내는 것은 거의 불가능했을 것입니다. 만약 그 시행착오를 고등학교 시절에 겪었다면, 한정된 시간 안에 목표를 이루는 것은 절대 쉽지 않았으리라 생각합니다.

## '바로 지금' 공부의 기준을 세울 때

모든 학생은 결국 자신만의 공부 기준을 세워야 합니다. 즉 과목별 공부 방식과 시간을 배분하는 문제 등을 모두 정할 수 있는 자기만의 기준이 필요합니다. 이때 '학습 수단'은 그 기준 중에서도 핵심 축을 이룹니다.

기준에 따라 각 과목을 어떻게 공부할지 정하면 학습 수단이 결정되고, 그에 따라 과목당 시간 배분이 결정됩니다. 이렇게 중요한 자신만의 공부 기준이 아직 확립되지 않은 학생들은, 다양한 시도와 시행착오를 겪어 보며, 어떤 기준이 자신에게 최적의 환경인지에 대한 답을 찾아 나가야 합니다. 그리고 그 시작은 다양한 학습 수단을 직접 활용해보는 것입니다. 그렇다면 학습 수단을 확정하고 그에 따라 공부의 기준을 만드는 시점은 언제가 가장 좋을까요?

빠르면 빠를수록 좋습니다!

저는 고등 시절에 공부 기준을 세우는 데 성공해서 그 결과로 입시 목표를 성공적으로 달성할 수 있었으나, 조금만 더 늦었다면 같은 결과를 낼 수 없었을 것입니다.

그래서 자신에게 적합한 학습 수단을 찾는 것, 다시 말해 여러 학습 수단들을 활용해 보며 시행착오를 겪는 것은 빨리 경험하면 할수록 좋다는 것을 다시 한번 강조합니다.

**나에게 맞는 학습 수단 찾기**

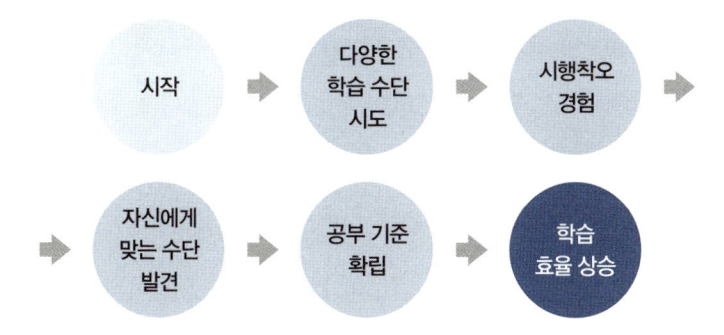

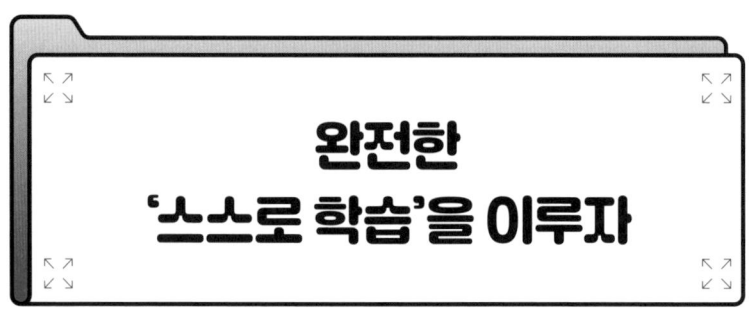

# 완전한
# '스스로 학습'을 이루자

## 공부는 결국 '나의 몫'

우리는 저마다의 공부 루틴으로 다양한 학습 방법을 선택하며, 그 결과 역시 제각각의 형태로 나타납니다. 이렇게 수많은 변수가 맞물리며 만들어지는 공부의 경험은 사실상 무한대에 가깝습니다. 하지만 그 모든 경우의 수 속에서도 단 하나 변하지 않는 진리가 있습니다. 공부는 절대 누가 대신해 줄 수 있는 일이 아니라는 것입니다.

물론 학원이나 과외 등의 학습 수단의 도움을 받을 수는 있지만, 어디까지나 '보조적인 역할'일 뿐, 공부의 중심이 될 수는 없습니다. 학원에서 시키는 것만 하거나, 과외 시간에만 공부하는 학생이 높은 성취를 이루는 것은 거의 불가능합니다. 결국 핵심은 스스로 공부하는 '방법'을 깨닫고, 그것을 꾸준히 실천해 나가는 것입니다. 그 길만이 목표를 이루는 가장 확실하고, 동시에 유일한 방법입니다.

'스스로 공부한다'라는 말은 너무도 당연해 보이지만, 실제로 실천하기는 쉽지 않습니다. 이를 이루기 위해서는 먼저 자신에게 가장 잘 맞는 학습 방식을 찾아야 합니다. 그리고 그 방식을 꾸준히 실천해 학습을 일상의 루틴으로 만들어야 합니다. 마지막으로, '왜 공부해야 하는가'에 대한 자신만의 이유를 분명히 세워야 합니다.

## 완전한 자기주도 학습을 이루는 세 가지 열쇠

저는 고등학생 시절에 시기적절하게 제게 맞는 학습 수단을 찾는 데 성공했습니다. 즉 '공부하지 않으면 허전한 기분을 느끼는 상태'를 중학생 시절에 '부분적으로 성공'했습니다. 이후 고등학생이 되어 공부를 해야 하는 저만의 이유를 분명히 찾으면서, 마침내 진정한 의미의 '스스로 공부하는 사람'이 될 수 있었지요.

하지만 여기서 저는 '학습을 일상 속 루틴에 포함시켰다'라는 표현 앞에 군이 '부분적 성공'이라는 말을 붙였습니다. 그 이유를 설명하기 전에, 먼저 하나의 예시를 들어 보겠습니다.

오늘날 대부분 헬스장은 구독제를 도입하여 운영합니다. 헬스장 구독 회원들은 매일 출석 체크를 하며, 출석 빈도와 체지방률의 변화 등을 통해 자신의 운동 정도를 파악할 수 있습니다.

하지만 과연 헬스장에 '자주 나가는 것'과 '운동을 열심히 하는 것'이 완전히 같은 의미일까요? 물론 두 행동 사이에는 일정한 상관관계가 있습니다. 그러나 출석만 하고 정작 운동은 제대로 하지 않는 경우도 있기 때문에 이 둘을 동일하다고 볼 수는 없습니다. 그리고 가장 중요한 맹점은 바로 이 지점에서 발생합니다.

사람들이 자신의 운동량을 헬스장 '출석 빈도'로 판단하는 경향이 있듯이, 출석 횟수가 많을수록 '나는 운동을 열심히 하고 있다'라는 착각을 하게 만듭니다. 그런데 만약 어떤 사람이 '나는 운동을 열심히 하는 사람이다!'라는 이미지를 보여주기 위해, 실제 운동은 하지 않은 채 매일 출석 도장만 꾸준히 찍는다면 어떨까요?

겉으로 보기에는 매일 헬스장에 가는 성실한 사람처럼 보이겠지만, 실제로 그는 운동을 열심히 한 사람이 아닙니다. 단지 '운동을 하는 척'한 것에 불과합니다.

이 이야기를 '공부'에 적용해 보면, 중학교 시절의 제 모습과 똑같습니다. 그때의 저는 '공부를 해야 한다'라는 의무감은 가지고 있었지만, 정작 '왜 공부를 해야 하는가'에 대한 제 나름의 이유는 찾지 못했습니다. 그 결과, '공부를 해야 한다'라는 의무감은 점차 '공부를 한 사람처럼 보여야 한다'라는 부담으로 변해 버렸습니다. 공부를 열심히 하기 위한 환경과 조건은 모두 갖추고 있었지만, 그 속에 진짜 이유가 없었기에 저는 학생으로서 도달할 수 있는 이상적인 학습의 경지에는 이르지 못했던 것입니다. 그러나 다행히도, 고등학교에 입학한 뒤 공부를 해야만 하는 저만의 이유를 찾게 되었고, 스스로 공부를 열심히 하는 학생이 될 수 있었습니다.

그렇다면 '공부의 이유'를 찾지 못하면, 자신에게 맞는 학습 수단을 찾는 일이나 학습을 일상 속 루틴에 포함하는 노력은 아무 의미가 없는 걸까요?

만약 이전까지 공부를 전혀 하지 않던 사람이 어떤 계기를 통해 강한 동기를 얻었다고 해봅시다. 그는 "공부는 해야만 하는 일이고, 나는 공부를 즐길 수 있으며, 이를 통해 더 나은 사람이 될 수 있다"라는 확신을 가지게 되었습니다. 하지만 그렇다고 해서 그 사람이 하루 만에 '스스로 공부하는 이상적인 경지'에 도달하기는 어려울 것입니다.

공부를 시작하려 해도 일단 '무엇으로' 공부해야 할지, 또 '어떤 시간을 활용해서' 공부할지에 대한 답을 찾는 데에 많은 시간이 소요될 것입니다. 더욱이 '공부의 이유'를 찾지 못한 상태에서는, 다른 요소들이 모두 갖춰져 있더라도 우리가 바라는 이상적인 공부의 상태에 도달할 수 없습니다. 어떤 하나만 충족되어서는 완전한 자기주도 학습이 이루어질 수 없기 때문입니다.

'스스로 공부하는 것'은 많은 학생이 꿈꾸는 이상적인 목표이지만, 그

만큼 도달하기 어려운 경지이기도 합니다. 그래서 수많은 학생이 이 목표에 어떻게 다가갈 수 있을지 끊임없이 고민하고 시행착오를 겪습니다. 그런데 이에 대한 제 답은 의외로 단순합니다.

> 1. 자신에게 맞는 학습 수단을 찾기
> 2. 공부를 일상 루틴 안에 포함하기
> 3. 공부를 해야만 하는 자기만의 이유 찾기

이 세 가지를 위해 노력하다 보면, 결국 스스로 공부하는 이상적인 경지에 도달할 수 있을 것입니다. 마치 고등학교 1학년 때의 제가 그랬듯 말이지요.

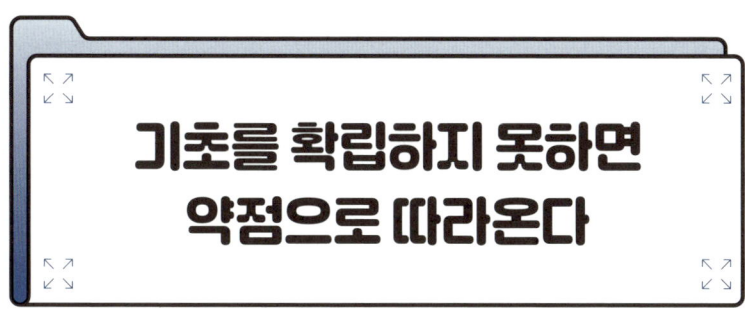

# 기초를 확립하지 못하면 약점으로 따라온다

## 과목별 기초 점검하기

앞에서 이야기했듯이, 고등 학습부터는 과목별로 자신의 기초 학습 수준을 명확히 알고 과목별 공부 전략을 따로 세워야 합니다.

**과목별 기초 확립 시기**

| 현재 상황 | 중등 이하 | 고등 이상 |
|---|---|---|
| **적용 우선 과목**<br>국어, 영어, 수학, 과학 | ● | ● |
| **암기 우선 과목**<br>역사, 사회, 과학 | ● | ✕ |

저는 고등학생이 될 당시 암기 위주의 과목에서는 기초를 충분히 다지지 못했습니다. 하지만 적용 중심 과목인 국어와 영어에서는 비교적 탄탄한 기초를 쌓아두어 이후 학습을 이어 가는 과정에서 큰 어려움은 없었습니다.

그런데 적용 중심 과목 중 기초 확립이 제대로 되지 않았던 과목이 하나 있었습니다. 바로 수학입니다. 중등 수학에서 기하학 부분이 크게 강조되었는데 남들보다 공간지각능력이 부족한 제게 너무 어려운 과목이 되고 말았습니다. 하지만 당시의 저는 '어떻게든 되겠지'라는 생각으로 제 약점을 무시했습니다. 더욱이 매우 쉽게 나온 중학교 마지막 수학 시험은 제게 수학을 '극복했다'라고 착각하게 하는 계기가 되었습니다. 가장 어려운 문제가 《쎈》의 B단계 중간 정도의 난이도였던 해당 시험은 다수의 만점자를 배출했지만, 당시 제게 그런 것은 중요하지 않았습니다.

그렇게 고등학교에 진학한 후, 수학이라는 약점은 최악의 형태로 저를 조여오기 시작했습니다. 처음 개념을 학습하는 단계부터 부족했던 수학적 사고력은 학습에서 발목을 잡았고, 실제 적용과 문제 풀이에 있어서는 걷잡을 수 없이 번져 나갔습니다. '기본'이라는 타이틀이 붙은 문제집에 실려 있는 문제조차 해결하지 못할 때의 자괴감과 무력감에 빠진 채 고등학교의 첫 학기에 치른 시험에서 '수학 4등급'이라는 암울한 성적표를 받아 들고야 말았습니다.

그때부터 저는 무력감에서 벗어나 수학을 공부하던 방식을 완전히 뜯어고치기 시작했습니다. 쉬운 문제를 많이 풀어보는 대신 어려운 문제 몇 개를 해결하는 데에 매우 긴 시간을 할애하기 시작했고, 그런데도 해결하지 못했을 때는 해설지를 참고하여 '왜 이 방식으로 풀어야만 하는지'에 대해 필연성을 찾고자 노력했습니다. 그리고 다행히도 그 방식은 효과가 있었고, 저는 바로 다음 학기에 수학에서 안정적인 1등급의 성적표를 얻어낼 수 있었습니다.

저는 고등학교 1학년 2학기 이후에 배운 수학 개념과 응용문제 풀이에서는 더 이상 뚜렷한 약점을 보이지 않게 되었습니다. 하지만 고등학교 1학년 1학기 이전에 배운 개념과 응용문제 풀이에서는 여전히 약점을 지니고 있었습니다.

## 완벽하지 못한 기초가 남긴 약점

그렇지만 당시에는 그 부분에 신경 쓸 여유가 없었습니다. 새로 배우는 개념들을 따라가고, 그에 맞는 문제 풀이를 연습하는 데 모든 에너지를 쏟고 있었기 때문입니다. 하지만 수학은 어디까지나 '적용'이 강조되는, 개념 간 유기성이 매우 강한 과목이기에 제대로 된 실력을 갖추지 못했던 고등학교 1학년 1학기 이전에 이수한 개념은 이후 공부할 때도 끊임없이 망령처럼 되살아나 저를 괴롭히곤 했습니다. 해당 개념들이 적용된 문제

(특히 중학 도형)를 마주하면 저는 항상 속절없이 무너지고 말았습니다. 이 문제는 다시 처음으로 돌아가, 모든 내용을 다시 학습하고 돌아오는 근원적인 방법 외에는 절대 해결하지 못할 거대한 '산'과도 같았습니다.

하지만 저는 약점을 그대로 마주하는 대신에 외면하기를 택했습니다. 결국 수능 시험장에서 제가 마주하게 될 문제들은 출제 범위에 해당하는 고등학교 2학년 이후 학습한 개념들만 강조된 문제일 것이라고, 고등학교 1학년까지는 그럴 수 있다고 해도 중학 도형이 강조된 문제는 볼 일이 없을 거라고 스스로 합리화시켰습니다.

다행히 저는 운이 좋게도, 수능에서 중학 도형이 강조된 문제, 그리고 고1 수학이 강조된 문제는 단 한 개도 등장하지 않았고, 그 결과 수능 수학에서 만점을 획득할 수 있었습니다.

하지만 이 결과만으로 제가 '수학'이라는 과목에서의 약점을 완전히 극복한 것은 아닙니다. 단지 운이 좋았을 뿐입니다. 지금 이 글을 쓰고 있는 지금까지도 중학교 도형과 고1 1학기 수학은 여전히 제 학습 과정에서 약점으로 남아 있습니다. 만약 수능에서 그 영역을 정확히 짚은 문제가 단 한 문제라도 나왔더라면, 아마 저는 지금 이 자리에서 이렇게 글을 쓰고 있지 못했을지도 모릅니다.

입시라는 긴 레이스 속에서 우리는 언제나 최악의 상황을 가정해 두어야 합니다. 그래야만 어떤 변수 앞에서도 흔들리지 않고, 가장 완벽한 대비를 할 수 있습니다. 여러분은 저와 같은 실수를 되풀이하지 않기를 진심으로 바랍니다.

그래서 아직 고등학생이 되기 전이라면 지금의 진도를 성실히 따라가며 학습하고, 기초를 단단히 쌓는 것을 중요하게 여기기 바랍니다.

# 공부에는 '환경'이 만드는 힘이 있다

## 환경이 바뀌자 보이는 진짜 나

맹모삼천지교(孟母三遷之敎), 맹자의 어머니가 맹자의 교육을 위해 세 번의 이사를 한 것처럼 교육에 있어서 환경이 가지는 중요성은 정말 큽니다. 공부는 환경보다는 모든 게 개인의 '의지'라고 말하는 사람도 있습니다. 그러나 실제로, 환경은 공부에 매우 큰 영향을 미칠 수밖에 없습니다. 그리고 이는 제 학창 시절을 돌아볼 때 느끼는 가장 큰 아쉬움과도 깊이 연결되어 있습니다.

중학교 시절의 저는 학구열과는 거리가 먼, 인구 2만 명 남짓한 군 지역에서 살았습니다. 한 학년에 학생이 50명도 채 되지 않았고, 공부 분위기도 활발하지 않았습니다. 시험 3일 전부터 벼락치기를 해도 전교 1등을 할 수 있을 정도였습니다. 주변 환경과 분위기의 영향을 크게 받는 성향이었던 저는 '남들보다 조금만 더' 공부하면 충분하다고 생각했습니다.

중학교 3학년, 고등학교 진학을 앞둔 시점에서 저는 결국 고향을 떠나 더 큰 도시의 고등학교로 가기로 결심했습니다. 제 성향을 고려했을 때, 학구열이 높은 환경에서 더 열심히 공부하는 '진짜 나'를 발견하고 싶었던 것이지요. 하지만 새로운 환경은 예상대로 만만하지 않았습니다. 고등학교에 진학한 후 처음 치른 시험들에서 저는 지금껏 상상도 못 해본 등수와 등급을 받아야 했습니다. 그렇게 중학교 시절 내내 전교 1등이었던 제가 결국 '우물 안 개구리'였음을 뼈저리게 깨닫게 되었습니다.

다행히도 그 경험은 결과적으로 제게 긍정적인 자극이 되었습니다. 이전보다 훨씬 더 많은 시간과 에너지를 공부에 쏟았고, 지금부터 이곳에서 알려줄 학습 방법들을 적용한 끝에 결국 입시에서 원하는 목표를 이룰 수 있었습니다. 하지만 한 가지 아쉬움은 여전히 남습니다.

만약 고등학교가 아니라, 중학교나 그 이전 시기에 학구열이 높은 환경에서 공부를 시작했다면 어땠을까요? 물론 더 어린 나이에 좌절을 경험해야 했을지도 모릅니다. 그러나 그만큼 더 일찍 실력을 쌓고, 더 높은 수준의 학습을 해 나갈 수도 있지 않았을까 하는 아쉬움이 남습니다.

물론 제가 주변 환경의 영향을 많이 받는 성향이기 때문에 더욱 아쉬울 수도 있습니다. 저와는 반대로, 외부 분위기에 휘둘리지 않고 스스로에게 집중하며 꾸준히 공부할 수 있는 학생이라면, 군이 학군지가 아닌 곳을 선택해 상대적으로 높은 내신을 확보하는 전략을 취할 수도 있습니다.

## 내 성향에 맞는 환경이 정답

결국 공부 환경에 대한 절대적인 정답은 없습니다. 저마다 자기 성향에 따라서 효율적인 환경은 다를 수 있습니다.

만약 주변 환경의 영향을 크게 받는 성향이라면, 고등학교 선택을 떠나서라도 공부를 열심히 할 수밖에 없는 환경을 만들어 주는 것이 중요합니다. 반대로 주변의 분위기에 쉽게 흔들리지 않는 성향이라면, 이전에 언급했듯 스스로 공부하는 방법을 찾을 수 있도록 이끌어 주거나, 그 과정을 도와주는 것이 좋습니다.

결국 핵심은 스스로 공부하도록 만드는 환경을 어떻게 조성할 것인가, 혹은 그 목적을 이루기 위해 어떤 제2, 제3의 방법을 선택할 것인가에 대한 해답을 찾는 것입니다.

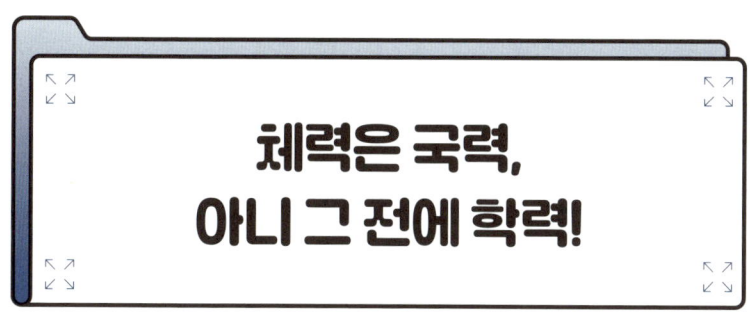

# 체력은 국력,
# 아니 그 전에 학력!

## 공부는 체력전

공부에서 체력이 중요하다는 사실은 다들 알고 있습니다. 그러나 그 중요성에 대해서는 쉽게 잊는 편이지요.

저 역시도 마찬가지였습니다. 운동과는 담을 쌓고 지내며, 매일 간식으로 라면 두 봉에 햄을 썰고 달걀을 넣었던, 몸무게는 고도비만과 초고도비만 사이에서 아슬아슬 줄타기하던 시절이 있었습니다. 중학교 당시의 제가 가진 체력은 그 나이대 학생들의 평균 체력에 비하면 훨씬 뒤떨어졌을 것입니다. 하지만 전 체력을 기를 생각을 전혀 하지 못하고, 그렇게 고등학교에 진학합니다.

고등학교에 진학함과 동시에 기숙사에 들어갔고, 매일 6시 40분에 기상하고 24시에 잠을 자는 일상이 시작되었습니다. 평범한 학생들도 쉽게 체력이 바닥나기 십상인 일정을 당시 제 체력으로 견디는 것은 무리였습니다. 수업 시간 또는 자습 시간에 엎어져 자지 않는 날이 손에 꼽을 정도로 체력이 엉망인 나날들을 보냈습니다.

## 체력을 바꾸자 공부가 달라졌다

이대로는 안 되겠다는 생각에, 고등학교 1학년이 마무리되어 가던 무렵 운동을 시작했습니다. 물론 여기에는 '체력을 길러서 공부에 투자할 수 있는 시간을 늘리자!'라는 목표 의식도 있었으나, 다이어트에 대한 목표 의식도 있었지요. 어쨌든 그때의 운동이 제 인생에서 매우 중요한 터닝포인트가 되었습니다.

하지만 운동을 하려면 시간을 따로 내야 하는 노릇입니다. 운동이 끝나면 샤워를 해야 하니 쉬는 시간이나 점심시간 또한 활용할 수 없었습니다. 하는 수 없이 기숙사에서 주어지던 오후 10시~10시 40분 사이의 쉬는 시간을 활용했습니다. 약 30분을 운동에 투자한 뒤, 나머지 10분 동안 샤워를 하고 다시 자습하러 오는 식이었습니다. 그 시간에 운동을 하는 것은 제게 전혀 손해가 아니었습니다. 쉬는 시간을 활용한 것이고,

다른 친구들 역시 그 시간에는 모두 휴식을 취했으니까요.

하지만 고등학교 3학년이 되자, 운동하는 시간이 조금 아깝게 느껴지기 시작했습니다. 공부 시간이 곧바로 성과로 이어지는 시기였기에, 많은 학생이 쉬는 시간마저 아껴가며 공부에 몰두하는 때였기 때문이지요. 특히 저처럼 수능(정시)을 준비하던 학생들에게는 생활 패턴을 철저히 관리하는 것이 필수였습니다. 새벽까지 공부하는 것은 불가능했기에, 잠자리에 들기 전까지 최대한 공부 시간을 확보하는 것이 당시 제게 가장 시급한 과제였습니다.

운동을 그만둘까도 고민했지만, 이미 운동이 제 일상에 깊이 자리 잡은 습관이 되었기에, 오히려 지금까지 유지해 온 일상에 변화를 준다는 사실 자체가 더 불안했습니다. 한편으로는 운동을 통해 감량한 체중이 다시 원래대로 돌아갈지도 모른다는 위기감도 있었지요.

그렇게 저는 수능 3일 전까지 계속 운동을 했습니다. 물론 고1부터 운동을 시작했던 것은 제 인생 최고의 선택 중 하나이지만, 수능 3일 전까지 운동을 할 수밖에 없었던 것은 조금 아쉬운 부분입니다. 운동을 할 시간에 부족한 공부를 더 했다면 '수능에서 한 문제 정도는 더 맞출 수 있지 않았을까?' 하는 아쉬움이 항상 남아 있습니다.

# 미리 키워야 하는 체력

무엇보다 가장 아쉬운 부분은 운동을 시작한 시기였습니다. 소아 비만, 청소년 비만이 성인 비만으로 이어지면, 지방 세포의 수는 줄어들지 않기에 살을 빼기 매우 어려운 체질이 된다고 합니다. 물론 전 성인이 되기 전에 운동을 시작했지만, 불행히도 중학교 3학년 때까지 가지고 있었던 비만은 여전히 제 체력 향상에 걸림돌이 됩니다. 운동으로 늘릴 수 있는 체력도 매우 한정적이기 때문이지요. 만약 초·중등 시절에 미리 체중을 감량하고 체력을 키운 후 고등학생이 되었다면, 적어도 고등학교 시절에 공부 시간을 훨씬 많이 확보할 수 있었을 것입니다.

공부만 기초가 필요한 것이 아닙니다. 운동 부족으로 인한 체력적인 문제가 있다면, 미리 식단을 관리하고 운동하는 것이 큰 도움이 됩니다. 물론 지금 당장 보이는 것은 눈앞의 공부와 입시겠지만, 그 이후의 삶까지 생각한다면 성인이 되기 전에 운동으로 미리 건강을 관리하는 것이 현명한 선택입니다.

체력을 기르는 것은 공부뿐만이 아니라
한 사람의 인생과 삶의 질에서도
매우 중요한 요소임을 기억하기 바랍니다.

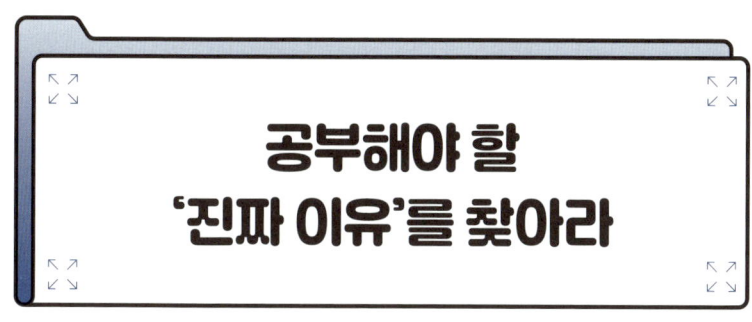

# 공부해야 할
# '진짜 이유'를 찾아라

## 남이 시켜서 하는 공부에서 벗어나야 할 때

중학생 시절까지 제게 공부는 그저 '남들이 하니까 해야 하는 일', '시키니까 하는 일' 그 이상은 아니었습니다. 그래서 그 당시 제게 가장 중요한 것은 공부를 통해 실력을 키우는 것이 아니라, '공부를 했다는 사실을 남들에게 보여주는 것'이었습니다. 그렇게 해야만 스스로 느끼는 죄책감을 덜 수 있었고, 부모님이나 선생님께 꾸중을 듣지 않았기 때문입니다.

그 상태로 학군지에 가까운 고등학교에 진학하자, 성적이 큰 폭으로 떨어졌습니다. 초·중학교 시절까지 항상 전교 1~2등을 차지했던 제 등수는 과목에 따라 전교 100~150등 정도까지 내려갔습니다. 초·중학교 시절 저는 당연히 '공부 잘하는 학생'이었지만, 고등학교에 입학한 후부터 더는 '당연한' 것이 아니었습니다. 잃어 봐야 소중함을 안다고 하더니 그제야 그동안 받던 주위 사람들에 대한 인정이 제게 아주 큰 부분을 차지했다는 사실을 깨달았습니다. 그때부터는 당연히 받아왔던 인정이 더는 제 것이 아니라는 것에서 오는 상심감과 함께 학업에 대한 커다란 동기가 생겼습니다.

그때부터 저는 공부가 남이 다 하니까 해야만 하는 것, 시키니까 해야 하는 것이 아닌 '남들로부터 인정받고, 내가 중요하게 생각하는 것을 얻을 수 있는 길'이라고 여기게 되었습니다. 즉, 공부를 해야 하는 저만의 이유를 찾게 된 것입니다. 그 이후, 제 공부는 능동적으로 바뀌기 시작했습니다. 부족한 부분에 대한 보완, 중요도에 따른 선택과 집중, 공부 시간의 확보 등 수동적으로 공부할 때는 절대 영위할 수 없었던 것들이 일상에 새로이 들어왔습니다. 드디어 진정한 학습의 마지막 요소를 찾아냄에 따라 저는 스스로 공부하는 단계에 오를 수 있었고, 성적 상승은 자연스레 따라오게 되었습니다.

## '필연적인 보상'이 필요한 공부

많은 부모가 자녀를 공부하게 만들기 위해 금전적, 또는 물질적 보상을 도입하곤 합니다. 그리고 실제로, 해당 보상이 유효할 때까지는 어느 정도 긍정적인 영향을 미칩니다. 하지만 해당 보상이 사라지는 순간, 공부하기 위한 유인은 오히려 부정적인 요인으로 작용합니다.

'인위적으로' 오는 보상은 언제까지나 제공될 수 없습니다. 그것이 사라지는 순간, 학생에게 공부는 '원래 있던 보상마저 주어지지 않기에 할 이유가 정말로 없는 것'이 되어 버리기 때문입니다. 그러니 공부의 이유가 공부를 함에 따라 '필연적으로' 오는 것이 아니라 인위적으로 오는 것이어서는 절대 안 됩니다.

저는 '타인의 인정'이 공부해야 하는 이유가 되었고, 이는 공부를 함에 따라 '필연적으로' 오는 종류의 보상이 되었습니다. 그래서 입시가 마무리되는 그 순간까지 공부를 열심히 하게끔 만드는 유의미한 요인이었습니다. 하지만 공부의 이유가 반드시 '타인의 인정'이 될 필요는 없습니다. 적어도 그것이 공부를 함에 따라 필연적으로 오는 보상이기만 하면, 무엇이든 스스로 공부하는 데 있어 긍정적인 영향을 미칠 것입니다.

가장 중요한 부분은 스스로 공부하는 경지에 다다르기 위해서는 공부를 왜 해야 하는지에 대한 답을 꼭 찾아야 한다는 것입니다. 그리고 공부를 함에 따라 오는 보상은 주어지다 없어지는 요인들이 아닌, 무조건 꼭 돌아오는 필연적인 것이어야 한다는 사실을 기억하기 바랍니다.

# PART 02

# 방학부터 시험까지, 한 학기 전략적 로드맵

 BASIC

 ROAD MAP

 MIND

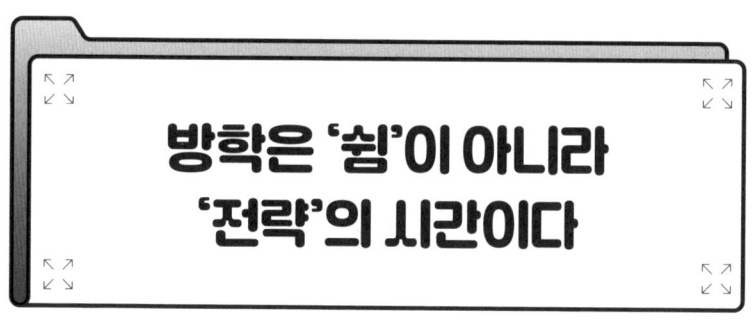

# 방학은 '쉼'이 아니라 '전략'의 시간이다

## 방학 공부의 효율이 성적을 결정

'방학(放學)'이라는 단어는 놓을 방(放), 배울 학(學)으로, 말 그대로 '배움을 잠시 놓는 시간', 즉 공부를 멈추고 쉬는 기간을 뜻합니다. 하지만 안타깝게도 대한민국의 입시 체계 안에서 살아가는 우리에게 방학은 더 이상 '쉼'의 시간이 아닙니다. 잠시 쉬고 싶어도, 주변을 둘러보면 여전히 열심히 공부하는 친구들의 모습이 보이지요. 그러면 결국 뒤처지지 않기 위해 공부를 멈추지 못합니다. 어쩔 수 없는 현실입니다.

그렇게 방학마저 반납하고 공부에 매달렸는데, 새 학기가 시작된 후 기대만큼의 성적을 얻지 못했다면, 그것보다 더 허무하고 슬픈 일도 없을 것입니다.

그러니 방학 동안 공부할 때는, 무작정 열심히만 하는 것이 아니라 자신의 상황에 맞는 효율적인 방식을 찾아야 합니다. 이를 위해서는 먼저 지금 자신이 어떤 상태에 놓여 있는지, 즉 현재의 학습 수준을 객관적으로 판단할 필요가 있습니다. 그리고 그 상황은 결국 이전 학기까지 배운 내용을 얼마나 제대로 이해하고 성취했는지에 따라 결정됩니다.

## 과목별로 다른 방학 공부법

지금부터 효율적인 공부를 위해서 앞 장에서 이야기한 과목별 특성을 좀 더 구체적으로 살펴보겠습니다. 국어, 영어, 수학과 같은 과목은 이전에 배운 내용이 이후 학습의 기초가 되기 때문에 앞단의 개념이 탄탄하지 않으면 뒤의 학습에서 큰 어려움을 겪게 됩니다. 반면 역사나 사회와 같은 과목은 이런 연속성이 상대적으로 약한 편입니다. 그래서 이전 단원에 대한 이해도가 다소 부족하더라도, 이후 내용을 배우는 데 큰 지장이 없는 경우가 많습니다.

과학은 조금 다릅니다. 국어나 수학처럼 연속적인 과목도, 사회처럼 단원 간 연계가 약한 과목도 아닙니다. 물리, 화학, 생명과학, 지구과학 등 여러 세부 분야로 나뉘기 때문에 같은 분야 안에서는 이전 내용을 제대로 이해하지 못하면 이후 학습에 어려움이 생기지만, 서로 다른 분야 간에는 비교적 독립적으로 공부할 수 있습니다.

그렇기에 방학을 효율적으로 활용하려면, 각 과목의 특성과 함께 현재 자신이 그 과목에서 어느 정도의 성취도를 가졌는지를 냉정하게 판단해야 합니다. 지금부터 이를 기준으로, 과목별로 효율적인 방학 학습 전략을 살펴보겠습니다.


## 1. 이전 학습 내용이 필수인 과목(국어, 영어, 수학, 과학 일부)

일반적으로 학생들은 방학 기간에 다음 학기의 내용을 미리 배우는 선행 학습에 집중합니다. 하지만 국어, 영어, 수학, 일부 과학 과목은 선행 학습에 앞서, 지금까지 배운 내용의 이해도와 완성도를 점검하는 것이 우선입니다. 이 성취도 점검은 과거에 봤던 시험 성적표로도 어느 정도 가능하지만, 더욱 확실한 방법은 이전에 치렀던 시험 문제를 다시 한번 풀어보는 것입니다.

이를 통해 단순히 '틀린 문제'가 아니라 '왜 틀렸는지'를 분석할 수 있고, 자신의 약점이 개념 이해 부족인지, 단순한 실수인지, 혹은 응용력 부족인지까지 명확히 파악할 수 있습니다.

아무리 이전에 좋은 성적을 거두었더라도, 시간이 지나면 그때 학습했던 내용은 쉽게 잊히기 마련입니다. 반대로, 예전에 성적이 좋지 않았더라도 오답 정리나 개념 복습을 꾸준히 했다면 지금은 훨씬 탄탄한 실력을 갖추었을 수도 있습니다.

그러니 이러한 과목들은 선행 학습을 시작하기 전에 반드시 현재의 실제 학습 수준을 점검해야 합니다. 이를 위해 과거에 풀었던 학교 시험지나 수능 모의고사 문제지를 다시 꺼내 직접 풀어 봅니다. 그 결과가 지금의 학습 상태를 가장 정확하게 보여줄 것이며, 이후 어떤 방향으로 공부를 이어가야 할지 판단하는 데 확실한 기준이 되어 줄 것입니다.

만약 다시 풀어본 시험에서 반 상위 10% 수준, 즉 일반적으로 85~90점 이상(난이도에 따라 다소 편차 있음)의 점수를 얻었다면, 해당 과목의 기초가 충분히 잘 다져졌다고 볼 수 있습니다. 그렇다면 별도의 보완 작업 없이 다음 단원의 예습으로 넘어가도 무방합니다.

반면, 그 이하의 점수를 받았다면, 현재 그 과목의 학업 성취도에 다소 문제가 있다는 신호로 볼 수 있습니다. 이때는 추가로 3~4회분 정도의 문제지를 더 풀어보며 자신의 약점을 구체적으로 파악해야 합니다. 그후, 취약한 개념이나 단원에 대한 면밀한 복습 작업을 거친 다음에야 비로소 새로운 내용을 예습하는 것이 바람직합니다. 이들 과목에서의 예습은 이전 학습의 복습이 제대로 이루어졌을 때만 의미 있는 학습이 된다는 점을 잊지 말아야 합니다.

## 2. 이전 학습 내용이 필수가 아닌 과목(역사, 사회, 과학 일부)

이러한 과목들은 이전에 배운 내용이 이후 학습에 큰 영향을 미치지 않기 때문에 예습할 때 굳이 과거 학습 내용을 꼼꼼히 점검하거나 복습할 필요는 없습니다. 예외적으로, 이전 범위까지 누적되어 출제되는 시험(예를 들어, 〈대학수학능력시험〉처럼)이 포함된다면, 그때는 과거 단원에 대한 복습이 필요합니다.

기본적으로 암기를 중심으로 한 과목들은 일단 외워 버리면 당장 문제를 푸는 데는 큰 지장이 없으니, 이전에 배웠던 내용을 꼭 알고 있을 필요가 없습니다. 예를 들어, 사회 과목에서 '사회계약설'에 대한 각 철학자의 입장을 모른다고 해서, 우리나라 각 지역의 대표 특산물을 외우는 데 어려움이 생기지 않습니다.

역사 과목에서도 마찬가지로, 공민왕의 업적을 모른다고 해서 항일 독립운동의 전개 과정을 외우는 데 문제가 생기지는 않습니다. 하지만 이처럼 '암기를 기반으로 한다'라는 특성에는 한 가지 중요한 문제점이 있는데, 바로 휘발성, 즉 기억의 빠른 소멸입니다.

국어, 수학, 영어와 같은 이해를 중심으로 한 학문은 한 번 익힌 내용을 학기 중에 다시 떠올리기가 비교적 쉽습니다. 그래서 이런 과목에서는 예습이 충분히 지속적인 효과를 발휘할 수 있습니다.

반면 역사나 사회 과목(단, 고등학교 이후의 일반사회 과목은 예외)은 대부분 암기를 중심으로 학습이 이루어집니다. 그래서 방학 중에 미리 예습을 하더라도, 학기 중에는 그 내용을 다시 떠올리기 어려운 경우가 많습니다. 결국 이런 과목에서는 예습의 효과가 금세 사라지기 때문에 예습보다는 복습 중심의 학습 전략이 훨씬 효율적입니다.

그러니 이러한 과목들은 방학 중 예습 우선순위에서 뒤로 미뤄두는 것이 좋습니다. 예습을 해도 이전 학습 내용이 이후 학습에 직접적인 영향을 주는 과목들에 비해 효율이 크게 떨어지기 때문입니다. 즉, 같은 시간과 노력을 들인다면 국어·영어·수학처럼 연계성이 높은 과목을 먼저 예습하는 것이 훨씬 효과적이며, 역사나 사회는 필요할 때 가볍게 개념을 훑는 정도로도 충분합니다.

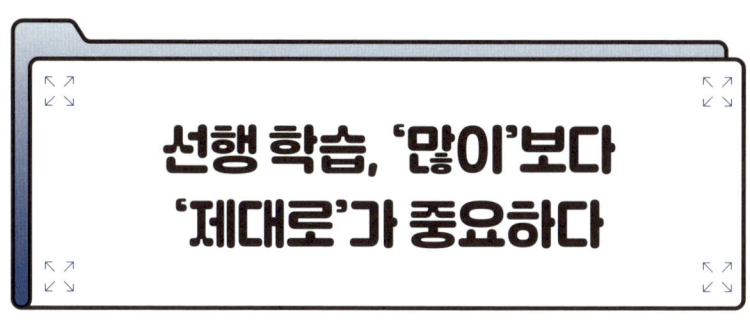

# 선행 학습, '많이'보다 '제대로'가 중요하다

## 잘못된 선행의 함정

지금부터는 실제로 선행 학습을 어떻게, 또 어느 수준까지 해야 하는 지에 대해 알아보겠습니다.

많은 학생이 선행 학습을 그저 '더 많은 학습을 빨리 당겨서 하면 좋은 것'이라고 생각합니다. 그렇기에 학생들은 고등 미적분 내용을 초등학교 때 학습하거나, 물리학 1, 2를 중등 과학과 함께 뭉뚱그려 끝내버리는 기행을 벌이곤 합니다. 하지만 슬프게도, 인간은 망각의 동물입니다. 아무리 선행 학습을 많이 했어도, 그 내용을 충분히 자기 것으로 만들지 못하면, 다시 말해 장기 기억 속으로 편입시키지 못하면, 이러한 노력은 허사로 돌아갈 수밖에 없습니다.

선행 학습을 할 때 가장 먼저 고려할 것은 '학습한 내용을 얼마나 확실히 자기 것으로 만들었는가?'입니다. 어떤 내용에 대해 선행 학습을 하기 전에는, 반드시 그 이전 내용을 완전하게 자기 것으로 만들어야 하며, 선행 학습을 할 때도 지금 여러분이 학습하는 내용은 온전하게 여러분의 것으로 만들어야 합니다.

## 선행은 양보다 질!

학습한 내용을 '완전히 자기 것으로 만든다'라는 의미는 무엇일까요? 저는 '해당 과목의 심화 문제에 접근할 수 있는 수준' 또는 '해당 과목의 개념을 백지에 스스로 적어낼 수 있는 수준'이라고 생각합니다. 전자는 이해와 적용이 중심이 되는 수학 같은 과목들에 대한 해당 사항이며, 후자는 암기가 중심이 되는 역사 같은 과목들에 대한 해당 사항입니다.

'심화 문제'란 문제집 《쎈》의 C단계 또는 그에 상승하는 수준의 문제를 의미합니다. 굳이 《쎈》이 아니더라도 다른 문제집 또한 이 정도 수준의 문제를 풀어봅니다. 수학뿐만 아니라 국어, 영어 등도 마찬가지입니다. 선행에서 여러분이 추구해야 하는 수준은, 이러한 '심화 문제'에 접근할 정도라고 생각하면 됩니다. 모든 문제를 완벽히 자력으로 풀어낼 수는 없어도, 적어도 반 이상 풀 수 있고, 나머지 못 푼 문제들도 해설지를 보고 이해할 수준 정도가 되어야 선행 학습을 완료했다고 판단할 수 있습니다.

또한 '해당 과목의 개념을 백지에 직접 써본다'라는 것은 교과서나 참고서에 적힌 문장을 토씨 하나 틀리지 않게 그대로 외워 적는 게 아닙니다. 핵심 개념의 전체적인 흐름과 구조를 스스로 설명할 수 있는지를 확인하는 것입니다. 그 정도로 정리할 수 있다면, 선행 학습은 어느 정도 완성되었다고 볼 수 있습니다.

다만, 학습 내용 중에 특정 고유 명사나 핵심 용어가 포함되어 있다면, 그 부분만큼은 정확히 외워야 합니다. 이러한 세부 요소들은 이후 학습이나 평가에서 정답을 가르는 결정적인 기준이 되기 때문입니다.

각 과목에서 선행 학습을 하면서 추구해야 할 기준은 이 정도입니다. 그런 후 비로소 이후 내용에 대해 추가적인 선행 여부를 결정할 수 있습니다.

# 새 학기 학습 설계로
# 역전을 노리자!

## 새 학기에 가장 먼저 할 일

방학이 끝나고 새 학기가 시작되면, 가장 먼저 할 일이 학습 계획을 세우는 것입니다. 한 학기의 공부 방향을 어떻게 설계하고, 또 그 계획을 얼마나 꾸준히 실천하느냐에 따라 학업 성취도는 크게 달라지기 때문입니다. 그래서 올바른 학습 계획을 세우는 것은 새 학기를 맞이한 학생들이 반드시 거쳐야 할 중요한 과정입니다. 하지만 많은 학생이 학습 계획을 세우는 과정에서 어려움을 겪습니다. 무엇을, 얼마나, 어떤 순서로 해야 할지 명확히 정하지 못한 채 막연히 계획을 세우다 보니, 결국 비효율적인 계획을 세우고 그것을 그대로 따르는 실수를 반복하게 됩니다.

# 눈에 보이는 성과를 만드는 학습 설계법

지금부터 한 학기 동안 시기별로 어떤 학습 방향을 잡아야 하는지, 그 흐름을 전체적으로 정리해 보겠습니다. 이 내용을 바탕으로 학습을 진행한다면, 분명히 체계적이고 안정적인 성과를 얻을 수 있을 것입니다.

지금 고1·2 학생이라면, 다음에 제시된 내용이 1학기와 2학기 모두에 해당하지만, 고3이라면 1학기에만 적용됩니다.

고3 2학기에는 대학 진학을 목표하는 대부분 학생에게 수능이 전부라고 해도 과언이 아닙니다. 그래서 특별한 경우(수능이 필요 없는 전형 등)를 제외하고는, 그 시기에는 오로지 수능 준비에 모든 에너지를 쏟는 것이 가장 현명한 선택입니다.


## 1. 개학 초부터 중간고사 전까지(기출과 개념으로 기반 다지기)

이 시기에는 모의고사나 수능 대비에 집중하는 것이 가장 효과적입니다. 물론 학교 진도에 대한 복습은 병행해야 합니다. 많은 학생이 수능대비 인강은 고3이 되어야 본격적으로 시작하는 것이 맞다고 생각하지만, 사실 고1이나 고2 때부터 시작해도 좋습니다. 오히려 이 시기에 인강을 통해 수능 개념을 미리 익혀 두면, 고3이 되었을 때 훨씬 여유 있게 심화 학습과 문제 풀이에 집중할 수 있습니다.

이전에 학습했다는 이유만으로 고3 때 노력을 줄이지만 않는다면, 고1·2 시기에 수능 대비를 시작하는 것은 오히려 매우 긍정적인 효과를 가져옵니다. 그러니 고1·2 학생이라면 최소한 현재 배우는 과목의 수능 개념 인강 정도는 들어 두는 것이 좋습니다.

내신과 수능은 분명히 평가 방식이 다르므로 수능 유형에 대한 이해와 감각을 미리 익혀 두어야 합니다. 다만 현재 수강 중인 과목이 수능에 직접 출제되지 않는 과목이라면, 굳이 수능 개념 강의를 찾아볼 필요는 없습니다. 이런 과목은 애초에 관련 강의가 많지 않고, 설령 있다 하더라도 실질적인 도움이 크지 않기 때문입니다.

또한 고1·2 학생이라면 기출문제를 풀 때 고3 수준의 기출보다는 자기 학년에 맞는 기출문제를 푸는 것이 좋습니다. 그 수준에서도 충분히 학습 효과가 높으며, 고3이 되면 수능 준비로 시간이 부족해져 이 시기의 기출을 복습할 여유가 거의 없기 때문입니다.

그리고 대학 진학을 수시 중심으로 생각하고 있더라도, 앞날은 언제나 예측하기 어렵습니다. 대부분 대학이 수능 최저 학력 기준을 요구하므로, 고1·2 때부터 모의고사와 수능 대비를 틈날 때마다 꾸준히 해 두는 것이 중요합니다. 이 시기의 준비가 훗날 입시 결과를 좌우하는 결정적인 차이를 만들어 줄 것입니다.

난이도 측면에서도 그렇지만, 고1·2 수준의 기출문제에도 학습 효과가 높은 우수한 문항이 충분히 많이 있습니다. 무엇보다 고3이 되면 본격적인 수능 준비로 인해 시간이 절대적으로 부족한데, 이 시기의 기출을 체계적으로 복습하기가 사실상 어렵습니다.

고3 시기에는 당연히 인강 등을 활용한 수능 대비가 학습의 중심이 되어야 합니다. 이때는 고3 기출문제와 연계 교재에 대한 학습도 함께 진행해야 합니다. 비록 고1·2 시절에 기출 학습을 충분히 하지 못했더라도, 이 시점에서는 바로 고3 수준의 기출 학습으로 넘어가야 합니다. 가능하다면, 이 시기 안에 개념 학습은 완전히 마무리해야 하며, 기출문제 또한 최소 한 바퀴는 전 범위를 돌려보는 것이 이상적입니다.

단, '개념은 마무리한다'라고 표현했지만, '기출은 한 번 돌린다'라고 표현한 이유가 있습니다. 기출문제는 한 번으로 끝내는 것이 아니라, 반복 학습을 해야 진가가 드러나는 영역이기 때문입니다. 그러니 한 번 풀어본 기출문제를 버리거나 잊어버리는 것은 절대 좋은 전략이 아닙니다.

## 개학 초기의 공부 핵심 전략

| 고 1·2 | 수업 복습 + 수능 인강 + 고1·2 기출문제 학습 |
|---|---|
| 고3 | 수업 복습 + 수능 인강 + 고3 기출문제 학습 + 연계 교재 학습 |

오히려 오답과 약점을 중심으로 여러 번 복습해야 합니다.

또한 고3이라면 반드시 연계 교재 학습도 병행해야 하는데, 그 분량이 방대하기 때문에 늦어도 고3 1학기 초반에는 학습을 시작해야 부담없이 마무리할 수 있습니다.


## 2. 중간고사 4주 전부터 중간고사까지 [내신에 집중하기]

고1·2 때는 수능 성적만으로 대학을 진학하기로 결정한 것이 아닌 이상, 해야 할 것은 명확합니다. 중간고사를 위해 모든 노력을 쏟아야 합니다. 슬프게도 대다수 학교가 수능 대비와 내신 대비 간에 어느 정도의 괴리가 있습니다. 그러나 고1·2 때는 내신 대비에 온 힘을 쏟아야 합니다.

고3 시기에는 대부분 학교가 수능 연계 교재를 부교재로 활용하며, 학교 시험 또한 해당 교재를 기반으로 출제됩니다. 그러니 이 시기에는 연계 교재 학습의 비중을 이전보다 훨씬 높여야 합니다.

다만, 그렇다고 해서 기출 학습을 완전히 중단하는 것은 바람직하지 않습니다. 수능 문제 풀이의 '감'을 유지하는 것은 매우 중요하며, 그 감각을 잃지 않기 위해서라도 기출 학습은 꾸준히 이어져야 합니다. 물론, 수능 개념 학습은 이 시점 이전에 이미 마무리되어 있으리라 믿습니다.

특히 직접 연계가 이루어지는 국어 문학은 연계 교재 학습을 단순한 문제 풀이로만 마무리해서는 안 됩니다. 각 작품에 대한 충분한 분석(인강 활용을 추천)과 함께, 시중에 출간된 변형 문제집을 활용해 다양한 유형을 풀어보는 과정까지 반드시 포함되어야 합니다.

반면, 다른 과목의 연계 교재는 새로운 개념이 등장하거나 새로운 유형의 문제가 출제되었는지 여부에 초점을 두면 충분합니다. 그 외의 경우라면, 해당 교재를 일반적인 문제집처럼 활용하는 것만으로도 학습 효과를 얻을 수 있습니다.

### 중간고사 기간의 공부 핵심 전략

| | |
|---|---|
| 고 1·2 | 학교 내신 대비 학습에 집중 |
| 고3 | 기출 학습을 통해 문제 풀이의 감각을 유지하면서, 동시에 연계 교재 학습의 비중을 높인다. |

## 3. 중간고사 이후부터 기말고사까지[기출·N제 복습으로 완성도 높이기]

이 시기에 해야 할 공부의 방향은 개학 초부터 중간고사 약 4주 전까지의 학습과 크게 다르지 않습니다. 본질적으로 학교 시험에 전적으로 집중할 필요가 없는 시기라는 점에서 동일하기 때문입니다. 그러니 고 1·2 학생이라면, 앞서 언급한 개학 초부터 중간고사 4주 전의 학습 방향을 그대로 이어 나가면 충분합니다. 만약 고1·2의 기출 학습을 꾸준히 해 왔다면, 이 시기 어느 시점에서 풀 만한 기출문제가 전부 바닥이 났을 것입니다. 이럴 때 고1은 고2 기출에 대한 학습을, 고2는 고3 기출에 대한 학습을 진행하면 좋습니다.

앞에서도 언급했듯이 기출 학습은 여러 번 진행할수록 효과적입니다. 특히 고3 기출문제를 최대한 많이 반복하는 게 제일 좋습니다. 또한 이 시기에는 수능 개념 강의가 대부분 마무리 단계에 들어갑니다. 개념 학습은 다시 처음부터 강의를 들을 필요가 없으며, 문제를 풀다가 잊어버린 개념이 있을 때만 선택적으로 복습하면 충분합니다. 즉, 이 시기의 개념 학습은 '전체 복습'이 아니라 '필요할 때 점검'하는 수준으로 유지하면 됩니다.

고3이라면 이 시기에는 대부분 기출 학습을 한 차례 이상 마무리했을 것입니다. 이후 학습 방향은 기출을 다시 복습하는 쪽으로 가져갈지, 혹은 N제로 바로 넘어갈지에 따라 달라집니다. 이는 개인의 학습 상황에 맞춰 선택하면 됩니다.

기출을 한 번 정리한 뒤 다시 문제집을 봤을 때 대부분 문제 풀이가 자연스럽게 떠오른다면, 그때 N제로 넘어가도 좋습니다. 반면, 풀이가 즉시 생각나지 않거나 헷갈리는 문제가 여전히 많다면, 해당 문제들을 중심으로 한 차례 더 복습하는 것이 바람직합니다.

이와는 별개로, 연계 교재(수능 특강)에 대한 학습은 계속 이어져야 합니다. 만약 수능 특강 학습을 마무리했다면, 이 시점에 출시되는 수능 완성으로 동일한 방식의 학습을 이어가면 됩니다. 특히 국어 문학은 학습한 작품들을 꾸준히 복습하며 점검하는 과정이 꼭 필요합니다. 한 번 공부한 것으로 끝내지 말고, 주기적으로 다시 확인하며 내용을 확실히 자신의 것으로 만들어야 합니다.

### 기말고사 전까지 공부 핵심 전략

**고 1·2**
– 기출 학습이 완료되었다면, 다음 학년 기출 학습을 시작
– 수능 개념 강의는 필요한 부분만 보충 학습

**고3**
– 기출 학습 완료 후 기출 복습과 N제 학습의 비중을 조절해 진행
– 새롭게 출시될 연계 교재에 대한 학습 꾸준히 진행

## 4. 기말고사 4주 전부터 기말고사까지[마지막까지 내신에 집중하기]

중간고사 기간과 마찬가지로 본질적으로 학교 시험에 집중해야 하는 기간입니다. 그렇기에 고1·2는 기말고사 대비에 모든 에너지를 쏟으면

됩니다.

고3이라면, 대부분 학교에서 진도는 수능 특강에 집중되어 있을 것이기에, 기말고사 역시 수능 특강에서 출제될 가능성이 매우 높습니다. 그래서 이 기간을 아예 수능 특강을 복습하는 기간으로 여기는 것 또한 좋은 선택입니다. 기출 혹은 N제 학습 역시 꾸준히 진행되어야 한다는 점은 변함이 없으니, 참고합시다!

간혹 이 기간에 〈6월 모의평가〉가 진행되는데, 만약 수시로 대학을 가고자 하는 계획을 세웠다면, 〈6월 모의평가〉를 따로 대비하는 것보다 학교 시험에 집중하기를 추천합니다. 모의평가 점수가 아쉽겠지만, 먼저 학교 시험이 더 중요한 기간이기 때문입니다.

### 기말고사 기간의 공부 핵심 전략

 고1·2   무조건 학교 내신 대비 학습

고3   감을 잃지 않을 정도의 기출문제나 N제 학습과 함께 연계 교재 (수능 특강)에 대한 복습을 진행

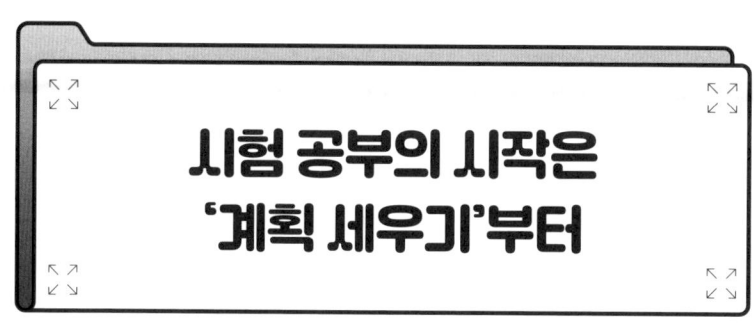

시험 공부의 시작은
'계획 세우기'부터

## 올바른 계획을 세웠다면 반 이상 성공

어떤 일을 시작할 때 가장 먼저 해야 할 일은 '계획을 세우는 것'입니다. 공부도 마찬가지입니다. 우리는 공부할 때 나름의 목적이 있으며, 그 목적은 보통 시험에 대한 대비입니다. 그래서 시험을 준비할 때는, 그에 맞는 구체적인 계획이 반드시 있어야 합니다. 분명한 목표가 있음에도 계획이 없다면 공부는 방향을 잃기 쉽습니다.

이처럼 목적 없이 공부를 이어가다 보면, 아무리 시간을 들여도 성과가 없는 듯한 불안감이 생기고, 이는 결국 잘못된 판단이나 선택을 하게 만드는 원인이 되기도 합니다.

사실 대부분 학생은 '공부를 위해서는 계획이 필요하다'라는 사실을 알고 있지만, 어떻게 해야 올바른 계획을 세울 수 있는지 그 방법을 아는 학생이 생각보다 많지 않습니다.

많은 학생이 비효율적인 방식으로 계획을 세우고, 그 계획이 왜 비효율적인지도 모른 채 그대로 공부를 이어갑니다. 물론 아무런 계획 없이 공부하는 것보다는 낫지만, 여전히 아쉬움이 남는 것은 부정할 수 없습니다. 그렇다면 어떤 방식으로 계획을 세워야 최선의 효과를 얻을 수 있을까요?

## 성적을 올리는 최선의 학습 계획 4단계

지금부터 효과적인 4단계 학습 계획에 대해 자세히 알아보겠습니다. 원론적인 설명보다는 가상의 계획으로 예시를 보며 살펴봅시다.

1. 시험 대비를 위한 전체 공부를 정리하기
2. 정리한 공부를 주 단위로 나누기
3. 주 단위로 나눈 공부를 일 단위로 나누기
4. 실제로 공부하며 수정 사항을 찾은 뒤 계획에 반영하기

## [예시 1] 시험 대비를 위한 전체 공부 정리하기

| 상황 | | | 0학년 0학기 중간고사 대비 계획<br>(시험까지 남은 기간 30일) |
|---|---|---|---|
| 과목 | 국어 | 시험 범위 | 1-1단원 ~ 3-3단원(각 대단원은 3개의 중단원을 가졌다고 가정) |
| | | 할 공부 | 각 단원 교과서, 자습서 복습 + 평가문제집 풀이 |
| | 수학 | 시험 범위 | 1-1단원 ~ 2-4단원(각 대단원은 4개의 중단원을 가졌다고 가정),<br>해당 범위의 부교재 |
| | | 할 공부 | 각 단원 교과서, 부교재의 전체 문제 2회독 |
| | 영어 | 시험 범위 | 1-1단원 ~ 3-2단원(각 대단원은 3개의 중단원을 가졌다고 가정) |
| | | 할 공부 | 각 단원 교과서 복습 + 지문 변형 문제 풀이 |
| | 사회 | 시험 범위 | 1단원 ~ 4단원 |
| | | 할 공부 | 각 단원 교과서 복습 + 평가문제집 풀이 |
| | 과학 | 시험 범위 | 1단원 ~ 4단원 |
| | | 할 공부 | 각 단원 교과서 복습 + 평가문제집 풀이 |

가장 먼저 해야 할 일은 이처럼 시험 대비를 위해 필요한 '전체 공부 항목'을 정리하는 것입니다. 공부를 시작하기 전에 무엇을 공부할지 구체적으로 정리해 보는 것이 첫 단계입니다.

물론 실제로 공부하다 보면, 처음 세운 계획에 변동이 생길 수 있습니다. 공부량이 부족하다고 판단되면 내용을 보완하고, 반대로 과하다고 느껴지면 줄이는 것도 가능합니다.

처음 세운 계획을 가능한 한 유지하되, 현실적으로 따라가기 어렵다면 그것에 맞게 조정하면 됩니다. 계획은 지켜야 할 '절대 규칙'이 아니라,

**[예시 2] 정리한 공부를 주 단위로 나누기**

| 구분 | 국어 | 수학 | 영어 | 사회 | 과학 |
|------|------|------|------|------|------|
| 1주차<br>(1~7일) | 1-1단원 ~<br>1~3단원<br>교과서, 자습서<br>평가문제집 풀이 | 1-1단원 ~<br>2-4단원<br>교과서 문제<br>풀이 | 1-1단원 ~<br>2-1단원<br>교과서 복습<br>지문 변형 문제 | 1단원<br>교과서 복습<br>평가문제집<br>풀이 | 1단원<br>교과서 복습<br>평가문제집<br>풀이 |
| 2주차<br>(8~14일) | 2-1단원 ~<br>2-3단원<br>교과서, 자습서<br>평가문제집 풀이 | 1-1단원 ~<br>1-3단원<br>부교재 문제<br>풀이 | 2-2단원 ~<br>3-2단원<br>교과서 복습<br>지문 변형 문제 | 2단원<br>교과서 복습<br>평가문제집<br>풀이 | 2단원<br>교과서 복습<br>평가문제집<br>풀이 |
| 3주차<br>(15~21일) | 3-1단원 ~<br>3-3단원<br>교과서, 자습서<br>평가문제집 풀이 | 1-4단원 ~<br>2-2단원<br>부교재 문제<br>풀이 | 1-1단원 ~<br>2-1단원<br>교과서 지문<br>암기 | 3단원<br>교과서 복습<br>평가문제집<br>풀이 | 3단원<br>교과서 복습<br>평가문제집<br>풀이 |
| 4주차<br>(22~28일) | 1-1단원 ~<br>1-3단원교과서,<br>자습서 중요<br>내용 복습 | 2-3단원 ~<br>2~4단원<br>부교재 문제<br>풀이<br>어려운 문제<br>복습 | 2-2단원 ~<br>3-2단원<br>교과서 지문<br>암기<br>암기 테스트 | 4단원<br>교과서 복습<br>평가문제집<br>풀이 | 4단원<br>교과서 복습<br>평가문제집<br>풀이 |
| 5주차<br>(29~30일) | 실전 문제지<br>활용 실전 연습 | 실전 문제지<br>활용 실전<br>연습 | 실전 문제지<br>활용<br>실전 연습 | 실전 문제지<br>활용<br>실전 연습 | 실전 문제지<br>활용<br>실전 연습 |

여러분의 학습을 효율적으로 이끌기 위한 '기준점'일 뿐입니다.

전체 공부를 정리한 뒤에는, 이와 같이 각 공부를 주차 별로 나누어 봅니다. 여기서 가장 중요한 것은 5주차에 언급된 것과 같이 시험 2일 전쯤에 실제 시험과 똑같은 형식을 갖춘 문제지로 실전 학습을 진행해야 한다는 것입니다.

결국 점수를 결정짓는 것은, 주어진 시간 안에 문제를 해결해야 하는

'시험지'입니다. 그래서 실제 시험과 동일한 시간 제한 속에서, 형식과 난이도가 최대한 유사한 문제지를 미리 풀어보는 연습이 반드시 필요합니다. 이런 실전 연습 과정을 꾸준히 해 나가면 시험장에서 마주할 불확실성을 크게 줄일 수 있습니다.

또한 주차 별로 학습 부담이 가능한 한 균등하게 분배되도록 계획을 세워야 합니다. 어느 한 과목의 학습량이 특정 주차에 과도하게 몰린다면, 그 주차에서는 다른 과목의 학습량을 줄여 전체 균형을 맞춰야 합니다. 물론 이렇게 세운 계획도 실제 공부하며 한계가 느껴진다면, 상황에 맞게 유연하게 조정할 수 있어야 합니다.

**[예시 3] 주 단위로 나눈 공부를 일 단위로 나누기**

| | 1일 차(예상 시간: 5시간) | 공부 시간 | 수행 여부 체크 |
|---|---|---|---|
| 국어 | 1-1단원 교과서 학습 | | |
| 국어 | 1-1단원 평가문제집 풀이 | | |
| 수학 | 1-1 ~ 1-2단원 교과서 문제 풀이 + 오답 정리 | | |
| 영어 | 1-1단원 교과서 지문 학습 | | |
| 영어 | 1-1단원 교과서 지문 변형 문제 풀이 | | |
| 사회 | 1단원 1/3까지 교과서 복습 | | |
| 과학 | 1단원 1/3까지 교과서 복습 | | |

공부를 주차 별로 나눈 뒤에는 예시처럼 각 공부를 다시 일별로 나눕니다. 이때 고려해야 할 점은 일별로 최대한 동일한 양의 학습을 진행할 수 있도록 하는 것입니다. 또한 오른쪽에 보이는 '공부 시간'과 '수행 여부 체크' 칸은 그날 공부가 모두 끝난 뒤 표시하며, 이렇게 하면 그날 한 공부 시간과 수행 여부를 한눈에 확인할 수 있습니다.

여기에 덧붙이자면, 일별로 나눈 계획에 예상 소요 시간을 표시하는 것도 좋습니다. 비록 공부뿐만 아니라 생활 습관을 바르게 하기 위한 여러 가지 사항들에 대해서도 계획을 세우는 것을 추천합니다. 이를 위해서는 공부에 어느 정도 시간을 할당할 것인지 대략적인 내용이 필요하기 때문입니다. 어느 정도 공부 시간이 정해지면, 나머지 시간에는 생활 습관 확립을 위한 일들을 좀 더 할 수 있고, 그렇게 완전한 계획을 세울 수 있게 됩니다.

## 꾸준히 수정·보완해 나가는 학습 계획

물론 여러분이 세운 계획은 완벽하지 않을 수 있습니다. 또한 여러 사정으로 인해 하루 계획을 모두 소화하지 못하는 날도 생기겠지요.

그러나 진행하지 못한 공부 역시 언젠가는 반드시 보완해야 합니다. 이를 위해 저는 일주일에 하루를 '보충의 날'로 정하는 것을 권합니다. 나머지 여섯 날 동안 미처 끝내지 못한 공부를 그날 보완함으로써, 계획이 누적되어 쌓이는 상황을 최소화할 수 있습니다.

이처럼 보충의 날을 포함해 현실적인 계획을 세우기까지 했어도, 계획은 여전히 완벽하지 않습니다. 예를 들어, 특정 과목의 학습량이 과도해 지속적으로 미완료가 발생하거나, 반대로 너무 적어 학습이 부족해지는 경우가 이에 해당합니다.

이럴 때는 망설이지 말고, 결점이 드러난 부분에 대해서는 반드시 계획을 수정해야 합니다. 전체적인 학습 계획에서부터 변화를 주고, 그 변화를 주별 계획과 일별 계획으로 단계적으로 내려가며 적용하면 됩니다.

물론 한 번 세운 계획을 지키려는 태도도 중요합니다. 그러나 도저히 무리라고 판단된다면, 과감하게 방향을 조정하는 것도 하나의 실력입니다. 자신에게 맞지 않는 공부를 억지로 이어가면 결국 학습 과부하로 인해 동기를 잃거나, 실력이 정체되는 결과를 초래하기 때문입니다.

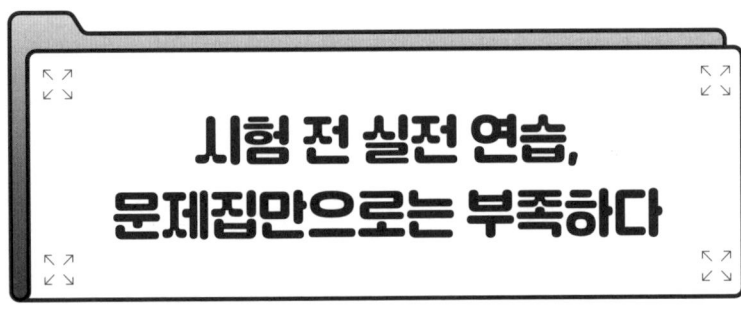

## 시험 전 실전 연습, 문제집만으로는 부족하다

### 실제 시험장처럼 연습하는 것이 중요

공부의 목적은 시험에서 좋은 성적을 얻기 위함입니다. 이 목표를 이루기 위해 많은 학생이 선택하는 방법이 바로 문제집 풀이입니다.

실제로 문제를 풀어보는 것은 시험 대비에서 빼놓을 수 없는 필수 학습이기도 합니다. 하지만 문제집 풀이만으로 시험을 완벽히 대비할 수 있을까요?

실제 시험장에서 제한된 시간 안에 문제를 해결하는 것은, 집에서 시간 제한 없이 문제집을 푸는 것과는 전혀 다른 상황입니다. 그래서 우리는 단순한 문제 풀이 외에도, 실전 연습이라는 별도의 과정을 반드시 거처야 합니다.

편안한 환경에서 문제집을 풀 때와 실제 시험장에서 문제를 풀 때에는 다음과 같은 차이가 있습니다.

### 첫째, 시험장에서는 정해진 시간 안에 문제를 풀어야 한다.

이 제한은 단순히 '시간이 정해져 있다'라는 사실보다 시간이 한정되어 있다는 심리적 압박에서 더 큰 영향을 미칩니다. 집에서 문제집을 풀 때는 어려운 문제가 나오면 몇십 분이고 고민할 수 있지만, 시험장에서 그렇게 했다가는 점수가 급격히 떨어질 수밖에 없습니다. 그러니 평소에는 신경 쓰지 않았던 '문제당 시간 배분'이 실제 시험에서는 매우 중요한 요소입니다.

### 둘째, 시험장 문제들은 난이도를 판단하기 어렵다.

문제집의 문항들은 대체로 난이도별로 구분되어 있어, 지금 풀고 있는 문제가 어느 정도 수준인지 쉽게 가늠할 수 있습니다. 그러나 실제 시험장에서 마주하는 문제들은 겉보기만으로 난이도를 판단하기 어려운 경우가 많습니다.

물론, 문제의 비주얼이 복잡하거나 생소하면 어느 정도 난이도가 있을 것이라 짐작할 수 있습니다. 하지만 겉보기에는 평이해 보이지만 실제로는 매우 까다로운 문제들도 등장합니다.

특히 이런 문제를 어떻게 대처할지는 시험장에서 반드시 고려해야 할 중요한 포인트입니다.

---

**22.** 최고차항의 계수가 1인 삼차함수 $f(x)$가 다음 조건을 만족시킨다.

> 함수 $f(x)$에 대하여
> $$f(k-1)f(k+1) < 0$$
> 을 만족시키는 정수 $k$는 존재하지 <u>않는다.</u>

$f'\left(-\dfrac{1}{4}\right) = -\dfrac{1}{4}$, $f'\left(\dfrac{1}{4}\right) < 0$일 때, $f(8)$의 값을 구하시오. [4점]

▶ 2024학년도 〈대학수학능력시험〉 수학 22번(정답률: 1.8%)

---

2024학년도 〈대학수학능력시험〉 수학 22번 문제는 겉보기 난이도가 매우 낮아 보였던 탓에, 많은 학생이 문제를 쉽게 여겨 곧바로 풀이에 들어갔습니다. 그러나 실제 난이도는 2015 교육과정 이후 출제된 모든 평가원 수학 문제 중에서도 최상위 난이도로 평가될 만큼 까다로웠습니다. 결국 상당수 학생이 이 문제에서 큰 타격을 입고, 시험 전체의 흐름을 잃게 되었습니다.

**셋째, 시험장의 환경은 익숙하지 않다.**

시험장의 환경은 집과 달리 여러분의 의지대로 통제하기 어렵습니다. 그래서 익숙하지 않은 조건에서 시험을 치러야 할 가능성이 매우 높습니다. 시험장의 온도가 지나치게 높거나 낮을 수도 있고, 예상치 못한 소음이 들릴 수도 있습니다. 심지어 옆자리 학생이 다리를 떠는 등 집중을 방해하는 요소들이 있을 수 있습니다.

이러한 차이들 때문에 단순히 문제집을 풀어보는 것만으로는 충분하지 않으며, 별도의 기출 문제지를 활용해 실전 연습을 병행해야 합니다.

## 시험장에서 마주할 변수를 최소화

실제 시험장에서 여러분은 문제를 느긋하게 풀어 나가나요, 아니면 긴장한 상태에서 최대한 빠르게 풀어 나가나요? 또 겉보기에 어려워 보이는 문제를 만나면 바로 도전하나요, 아니면 나중으로 미뤄두나요?

이 질문들에 대한 답에 따라서 평소 연습할 때도 그 답에 맞춰 문제를 풀어보면 됩니다. 즉, 실제 시험장에서 자신을 그대로 재현해 보는 것이 진짜 실전 연습의 핵심입니다.

물론 세 번째 차이로 언급한 시험장의 환경적 변수는 어쩔 수 없는 부분입니다. 그러나 첫 번째 차이로 언급한 제한 시간만큼은 반드시 반영해야 합니다. 실제 시험과 동일한 제한 시간을 설정해 실전 문제지를 풀어봅니다. 그리고 '어려워 보이는 문제'나 '보기에는 쉬워 보여도 실제로는 까다로운 문제'를 마주했을 때 어떻게 대응할지도 미리 정해 두어야 합니다. 개인적으로는 문제의 실마리를 30초 이상 떠올리지 못하면 일단 넘어가고, 나중에 다시 돌아와 푸는 방식을 추천합니다.

또한 응시하는 시험이 OMR 카드로 답안을 마킹하는 형태라면, 동일한 카드를 구해 제한 시간 안에 마킹까지 완료하는 연습을 반드시 해봅니다. 무엇이 되었든 실제 시험장과 최대한 유사한 환경을 만드는 것이 핵심입니다.

그 환경을 갖춘 뒤 문제를 푸는 식으로 연습한다면, 실제 시험장에서 마주할 불확실성의 변수를 최소화할 수 있습니다. 시험장에서 자신의 실력을 100% 발휘하고 싶다면, 최대한 유사한 환경에서 끊임없이 연습을 반복해야 합니다.

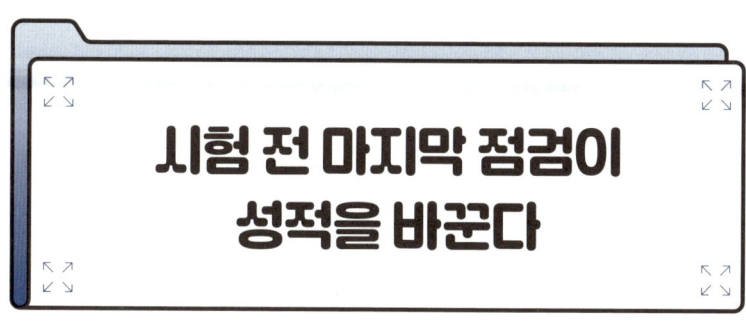

# 시험 전 마지막 점검이 성적을 바꾼다

## 실력을 온전히 발휘하기 위한 점검

마무리를 어떻게 하느냐에 따라 일의 성패를 결정짓는 경우가 많습니다. 시험 공부 역시, 아무리 열심히 공부했더라도, '시험'이라는 실제 상황에 맞는 대비가 제대로 되어 있지 않다면, 여러분은 실력을 온전히 발휘하지 못할 것입니다. 그 결과, 실제 실력보다 낮은 성적을 받게 되는 상황은 입시를 준비하는 학생이 가장 피해야 할 상황입니다. 그래서 시험을 준비할 때는 단순히 실력을 키우는 것에 그쳐서는 안 됩니다. 그 실력을 시험장에서 온전히 발휘할 준비가 되어 있는지를 확인하는 마지막 점검 과정이 꼭 필요합니다.

# 약점을 찾아내는 점검 방법

지금부터 시험 전 점검이 어떤 방식으로 이루어져야 하는지를 구체적으로 살펴보겠습니다.

제가 택한 방식은 '각 과목을 이루는 구성 요소 중에서 미흡한 지점을 찾아내는 것'을 목표로 진행했습니다. 이렇게만 들으면 '구성 요소'와 '미흡한 지점'이 정확히 무슨 뜻인지 헷갈릴 것입니다. 그래서 본격적인 설명에 들어가기 전에, 이해를 돕기 위한 예시를 먼저 살펴보겠습니다.

---

**13.** 두 이차방정식

$$x^2 - x - 2 = 0, \ 2x^2 + kx - 6 = 0$$

이 공통인 해를 갖도록 하는 모든 실수 $k$의 값의 합은? [3점]

① $-5$　　② $-4$　　③ $-3$　　④ $-2$　　⑤ $-1$

---

▶ 2022년 고1 〈3월 모의고사〉 13번

위의 문제를 풀지 못했거나, 또는 풀었지만 틀린 상황을 가정해 설명하겠습니다. 이 문제는 다음과 같은 단계의 사고 과정을 거쳐서 해결해야 합니다.

1. $x^2 - x - 2 = 0$을 인수분해해서 근 2개 확인하기
2. 확인한 2개의 근을 각각 $2x^2 - kx - 6 = 0$에 대입해 k값 2개를 구하기
3. 구한 k값 2개를 합한 뒤 답 도출하기

이 문제는 1번 단계에서는 인수분해라는 구성 요소가, 2번 단계에서는 대입이라는 구성 요소가, 3번 단계에서는 사칙연산이라는 구성 요소가 포함되어 있습니다.

이 문제를 해결하지 못했다면, 각 단계를 이루는 구성 요소 중 최소한 가지 이상이 미흡하다는 사실을 뜻합니다. 그러니 만약 이 문제를 해결하지 못했다면, 해당 요소들을 꼼꼼히 점검해야 합니다.

〈점검 사항〉

1. 이 문제를 해결하기 위해 필요한 사고 과정은 무엇일까?
2. 각 사고 과정 중 내가 해내지 못한 것은 무엇일까?
3. 해내지 못한 것과 연결된 구성 요소는 무엇일까?

여기서 최종적으로 3번 질문에 대한 답이 되는 구성 요소를 찾아냈다면, 이제 그 부분을 중심으로 복습을 진행하면 됩니다. 이해를 조금 더

돕기 위해, 이번에는 또 다른 예시를 살펴봅시다.

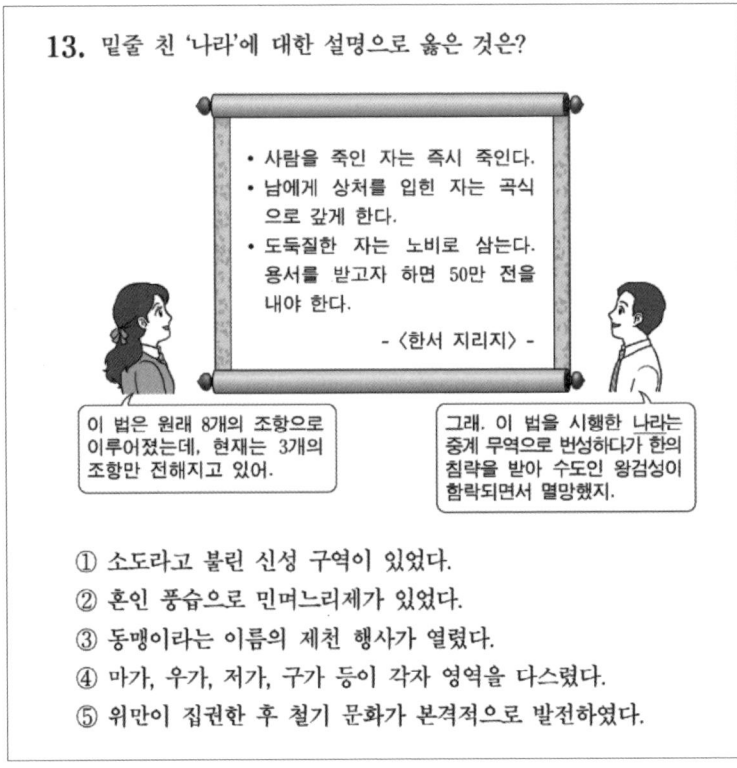

**13.** 밑줄 친 '나라'에 대한 설명으로 옳은 것은?

> • 사람을 죽인 자는 즉시 죽인다.
> • 남에게 상처를 입힌 자는 곡식으로 갚게 한다.
> • 도둑질한 자는 노비로 삼는다. 용서를 받고자 하면 50만 전을 내야 한다.
>
> - 〈한서 지리지〉 -

이 법은 원래 8개의 조항으로 이루어졌는데, 현재는 3개의 조항만 전해지고 있어.

그래. 이 법을 시행한 나라는 중계 무역으로 번성하다가 한의 침략을 받아 수도인 왕검성이 함락되면서 멸망했지.

① 소도라고 불린 신성 구역이 있었다.
② 혼인 풍습으로 민며느리제가 있었다.
③ 동맹이라는 이름의 제천 행사가 열렸다.
④ 마가, 우가, 저가, 구가 등이 각자 영역을 다스렸다.
⑤ 위만이 집권한 후 철기 문화가 본격적으로 발전하였다.

▶ 2018년 중3 〈국가 수준 학업성취도 평가〉 사회 13번

이 문제는 다음과 같은 단계의 사고 과정을 거쳐서 해결해야 합니다.

> **1. 주어진 자료를 본 뒤 해당하는 나라가 무엇인지를 확인하기**
>
> **2. 확인한 나라의 특징에 해당하는 선지가 무엇인지 찾기**

그리고 각 단계의 사고 과정에는 공통으로 하나의 핵심 구성 요소가 포함되어 있습니다. 바로 역사 속 나라별 특징에 대한 이해입니다. 그러니 어떤 문제를 풀지 못했다면, 먼저 자신이 1단계 사고 과정에서 막혔는지, 아니면 2단계 사고 과정에서 막혔는지를 확인해야 합니다. 그 후 막힌 단계와 연결된 구성 요소를 중심으로 맞춤형 복습을 진행하면 됩니다.

시험 전 마지막 점검은 각 과목의 문제를 풀어보며 이를 이루고 있는 구성 요소에서 미흡한 지점을 확인한 뒤, 그 부분에 대한 복습을 진행하는 방식으로 하면 됩니다. 이때 많은 학생이 이런 의문을 갖습니다.

"문제를 풀어보라는 말은,

지금까지 내가 풀었던 모든 문제집을

전부 다시 봐야 한다는 뜻인가요?"

물론 가장 확실한 방법은 모든 문제를 다시 풀어보는 것입니다. 하지만 시험 전 마지막 점검에서 모든 문제를 다시 확인하는 것은 비효율적이지요. 그러니 최대한 적은 양의 문제를 풀어보면서 각 과목을 이루고 있는 전체 구성 요소들에 대한 점검을 모두 진행해야 합니다. 그렇다면 전체 구성 요소들을 모두 포함하고 있는 문제지는 어떤 것이 있을까요? 바로 해당 과목의 시험지입니다.

# 시험지로 완성하는 최종 점검 루틴

시험지는 각 과목에 대한 전반적인 이해도와 개념 숙지를 평가하기 위해 만들어지는 것이므로, 자연스럽게 그 과목을 구성하는 주요 요소들을 가장 폭넓게 포괄하고 있습니다. 그러니 그 시험지는 우리가 찾는 '전체 구성 요소를 모두 포함한 자료'의 가장 명확한 형태이지요.

또한 시험을 치는 시간은 한정되어 있기에, 시험지는 문제집처럼 마구잡이로 엄청난 양의 문제를 제시할 수도 없습니다. 많아도 50문제 안팎의 내용 안에, 그 과목을 구성하는 전체 구성 요소들이 최대한 압축해 들어가 있습니다.

오른쪽과 같은 모의고사는 중학교 전 범위를 포괄합니다. 그리고 이후 시험이 진행되면서 범위가 누적되는 것을 알 수 있습니다. 이러한 이유로 시험지는 특정 과목의 전반적인 내용을 점검할 수 있는 매우 효과적인 수단입니다. 한 과목의 시험지를 풀면, 자연스럽게 그 과목을 이루는 모든 구성 요소 전반을 확인하게 되고, 이를 통해 자신의 미흡한 부분까지 함께 점검할 수 있습니다. 그러니 시험 전 마지막 점검을 다음과 같은 과정을 거쳐 진행해 보길 바랍니다.

| 영역(과목) | | 3월 | 6월 | 9월 | 10월 |
|---|---|---|---|---|---|
| 국어 | | | 6월 수준에 맞추어 출제<br>- (공통 과목) 국어에서 출제 - | 9월 수준에 맞추어 출제<br>- (공통 과목) 국어에서 출제 - | 10월 수준에 맞추어 출제<br>- (공통 과목) 국어에서 출제 - |
| 수학 | | | 6월 수준에 맞추어 출제<br>- (공통 과목) 수학 Ⅱ. 방정식과 부등식 - | 9월 수준에 맞추어 출제<br>- (공통 과목) 수학 Ⅲ.도형의 방정식 - | 10월 수준에 맞추어 출제<br>- (공통 과목) 수학 Ⅳ. 집합과 명제 - |
| 영어 | | 중학교 교육과정 전 범위 | 6월 수준에 맞추어 출제<br>- (공통 과목) 영어에서 출제 - | 9월 수준에 맞추어 출제<br>- (공통 과목) 영어에서 출제 - | 10월 수준에 맞추어 출제<br>- (공통 과목) 영어에서 출제 - |
| 한국사 | | | Ⅱ. 근대 국민 국가 수립 운동<br>3. 근대 국민 국가 수립을 위한 노력 | Ⅲ. 일제 식민지 지배와 민족 운동의 전개<br>2. 3·1 운동과 대한민국 임시 정부 | Ⅲ. 일제 식민지 지배와 민족 운동의 전개<br>6. 광복을 위한 노력 |
| 탐구 | 통합사회 | | Ⅳ. 인권 보장과 헌법<br>1. 인권의 의미와 변화 양상 | Ⅴ. 시장 경제와 금융<br>2. 시장경제와 경제주체 (국제경제 전까지) | Ⅶ. 문화와 다양성<br>3. 문화 상대주의와 보편 윤리 |
| | 통합과학 | | Ⅱ. 시스템과 상호작용<br>1. 역학적 시스템 | Ⅱ. 시스템과 상호작용 | Ⅲ. 변화와 다양성 |

* 출제 범위는 교육과정 순서에 의한 최종 단원을 나타내며, 처음부터 누적임.
* 출제 과목 및 범위는 추후 조정될 수 있음.

▶ 2024학년도 고1 〈3월 전국연합학력평가(모의고사)〉 출제 범위

## – 실력을 극대화시키는 시험지 활용법 –

1. 대비해야 하는 시험과 동일한 범위에서 출제된 시험지 2~3회분을 준비하기
2. 해당 시험지를 풀어보며 틀린 문제, 또는 해결하지 못한 문제를 수합하기
3. 수합한 문제들을 해결하기 위해 필요한 사고 과정을 체크하기
4. 각 사고 과정 중 스스로가 해내지 못한 사고 과정이 무엇인지 확인하기
5. 해내지 못한 사고 과정과 연결된 구성 요소가 무엇인지 확인하기
6. 확인한 구성 요소에 대한 철저한 복습을 진행하기

시험지를 2~3회분 정도 준비하는 이유는, 한 회분만으로는 놓칠 수 있는 부분을 보완하기 위함입니다. 여러 회차를 풀어보면 다양한 유형과 변수를 경험할 수 있어 보다 정확한 점검이 가능해집니다.

그 이후에는 틀린 문제들을 중심으로 앞서 제시한 학습을 진행하면 됩니다. 이 순서로 점검과 복습을 진행하면, 시험 전 최종 점검을 가장 체계적이고 효율적으로 마무리할 수 있을 것입니다.

이 일련의 과정을 꾸준히 따라가면, 각 과목에서 자신이 가진 미흡한 부분, 즉 약점을 확실히 보완할 수 있습니다. 그 결과, 시험장에서 자신의 실력을 100% 발휘할 가능성을 한층 높일 수 있습니다.

# PART 03

# 효율이 폭발하는
# 공부 루틴의 비밀

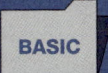 BASIC  ROAD MAP  MIND

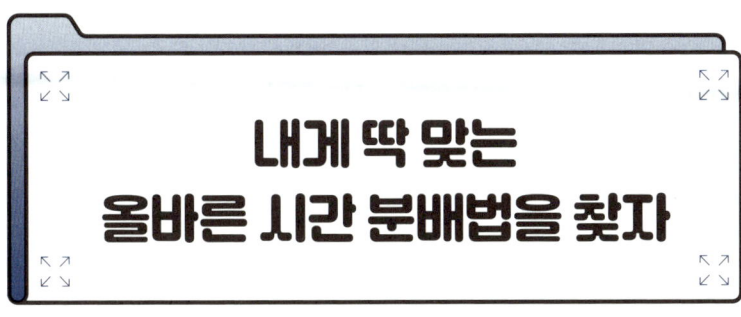

# 내게 딱 맞는
# 올바른 시간 분배법을 찾자

## 시간 활용력이 성과를 좌우

유한한 시간을 얼마나 효율적으로 활용하느냐에 따라 학습 성과는 크게 달라집니다. 시간을 잘 관리하는 학생은 높은 성취를 이뤄낼 수 있지만, 그렇지 못한 학생은 노력 대비 결과의 한계가 뚜렷할 수밖에 없습니다. 그래서 학생에게 한정된 시간을 어떻게 분배하느냐는 매우 중요한 과제입니다.

이 문제의 해답은 의외로 단순합니다. 앞서 살펴본 '시험 계획은 어떻게 짜야 할까?'에서 제시한 방식대로 계획을 세우고, 그 계획을 실제로 수행해봅니다. 그 과정에서 각 과목에 실제로 소요된 시간이 바로 여러분이 앞으로 따라야 할 가장 현실적이고 효율적인 시간 분배 기준이 됩니다.

## 시간 분배의 해답은 좋은 계획에 있다

여기서 '올바른'이 아니라 '여러분이 따라야 할'이라고 말한 이유가 있습니다. 완벽한 계획은 처음부터 세워지는 것이 아니라, 세운 계획을 수행하며 시행착오를 겪고, 그 시행착오를 통해 더 나은 방향으로 계획을 수정해 나가면서 세워지는 것입니다. 이 방식은 해당 계획을 활용해 공부할 때 시간 분배에도 적용됩니다. 완벽하지 않은 계획은 과목별 학습 비중 등 여러 가지 사항에 대해 결점이 생길 수밖에 없고, 그 계획을 활용해 얻어낸 시간 분배 또한 완전하지 않을 수밖에 없습니다.

그러니 여러 요소를 고려해 세운 학습 계획을 단순히 한 번 세우고 끝내지 말고, 지속적으로 수정하고 점검해야 합니다. 수정한 계획에 따라 실제로 공부하면서, 시간이 어떻게 분배되고 있는지를 반드시 확인하기 바랍니다. 그 계획이 현실적으로 실천하기 어려운 것은 아닌지, 반대로 너무 여유로워 학습 효율이 떨어지는 것은 아닌지, 혹은 과목 간 시간 배분의 불균형이 심하지는 않은지 끊임없이 점검해야 합니다. 그리고 그 결과를 바탕으로 계획을 다시 조정하고, 수정한 계획에 맞춰 공부하며 과목별 시간 활용 패턴을 꾸준히 확인하는 것이 중요합니다.

어느 순간 '이 계획대로 공부하면 되겠다!'라는 확신이 드는 순간을 맞이하게 될 것입니다. 그때의 계획이 바로 자신에게 가장 완벽한 학습 계획입니다. 그리고 그 계획에 따라 공부할 때 자연스럽게 형성되는 시간 분배 역시 가장 이상적인 형태가 될 것입니다.

만약 지금 시간 분배가 어렵게 느껴진다면, 이 한 가지를 기억하세요.

올바른 시간 분배는,

올바른 계획이 세워지면

자연스럽게 따라온다.

# 학교 수업과 자기 공부, 어떻게 병행할까?

## 학교 수업이 오히려 방해될 때

우리나라는 중학교까지 의무교육이며, 고등학교 또한 사회 분위기상 의무교육이라고 봐야 합니다. 그리고 우리는 학교에서 공부 외에도 다양한 사회 규범을 배우며 세상에 나갈 준비를 합니다. 그러나 입시가 다가올수록 학생들은 공부에 집중할 수밖에 없습니다. 하지만 최근 학교 수업이 오히려 '하고 싶은 공부를 할 수 없도록 방해하는' 요소로 인식되기도 합니다. 이런 문제에 대해 학생들은 종종 선생님과 갈등을 빚기도 합니다.

그래서 여러분은 학교 생활을 자신의 학습과 어떻게 접목해 나갈 것인지에 대해 고민해야 합니다. 특히 학교 수업을 어떻게 활용할지에 대한 고민은 아주 중요한 부분입니다. 자신에게 정말 '필요한 공부'를 하는 것과 학교 수업을 존중하며 선생님과의 원만한 관계를 유지하는 것은 어쩌면 공부하는 것만큼 중요한 일입니다.

## 선생님의 수업을 '내 공부'로 만드는 법

우리는 선생님에게 수업에 열심히 참여한다는 이미지를 보여주는 게 좋습니다. 이는 실제로 수업을 잘 듣는 방법도 있겠지만, 선생님의 수업을 바탕으로 자신의 공부를 접목해 수업을 듣는 것입니다. 저는 수업에서 활용하는 교과서 및 부교재를 함께 보면서 수업을 듣는 동시에 스스로 하는 공부도 진행했습니다.

수업을 듣지 않아 선생님들과 갈등이 있는 학생들은 대부분 수업 중인 과목과 전혀 상관없는 과목을 공부하거나, 수업과 전혀 상관없는 교재로 수업 시간에 따로 공부하고는 합니다. 하지만 선생님에게 이런 모습은 곧 '수업을 듣지 않겠다'라는 의사로 보여 결국 제재를 당합니다.

그러나 수업에서 활용하는 교재를 보면서 공부한다면, 적어도 그럴 염려는 없습니다. 우리는 선생님과의 관계도 중요하게 생각해야 합니다. 하지만 때로는 수업을 듣는 것이 오히려 공부에 비효율적인 방향으로 작용한다는 생각이 들 때가 있습니다. 바로 그럴 때 이 방법으로 선생님의 수업을 듣는 동시에 자신만의 공부도 놓치지 않기를 바랍니다.

## 수업 시간에 최소한의 예의는 갖추기

만약 수업을 하는 과목 자체가 여러분이 공부하는 목적과는 관련이 없어서, 수업 시간 자체가 큰 의미가 없다면 어떻게 해야 할까요? 사람마다 의견이 갈릴 수 있겠지만, 저는 선생님께 솔직하게 말씀드리고 뒷자리에 앉아 제게 필요한 공부를 하는 방식을 택했습니다.

선생님들 역시 우리가 인생이 달린 입시라는 목적으로 열심히 공부하고 있다는 점을 잘 알고 계시기 때문에 정중히 부탁드리면 승낙해 주시기도 합니다. 물론 이럴 때도, 귀에 이어폰을 꽂고 인강을 듣는 식의 공부는 하지 않았습니다. 적어도 귀는 열어 둠으로써 선생님의 수업을 존중하는 태도를 보이며, 최소한의 예의를 지켜야 한다고 생각합니다. 문제 풀이 또는 개념 정리 같은, 굳이 인강을 활용하지 않아도 할 수 있는 공부를 위주로 진행한다면, 적어도 무례하게 보이지는 않을 것입니다.

학교 수업을 듣는 것과 공부가 때때로 상충한다는 게 매우 모순적이지만, 전략적으로 학습을 이어가야 하는 우리로서는 어쩔 수 없는 선택이기도 합니다. 하지만 기본적인 예의를 갖추고 슬기롭게 대처한다면, 어

떠한 상황에서라도 학교 수업과 공부의 양립은 큰 문제 없이 진행할 수

있으리라 확신합니다.

# 인터넷 강의, 성실하고 똑똑하게 활용하자

## 인강의 장점과 함정을 알기

최근 태블릿 활용이 점점 보편화되면서 이를 활용한 인터넷 강의 즉 '인강' 역시 학습의 한 부분을 크게 자리하기 시작했습니다. 그리고 실제로, 유명 학원에 출강하는 유능한 강사들의 강의를 편하게 만나볼 수 있다는 점에서 인강은 매우 매력적인 학습 수단입니다. 하지만 인강은 결코 무시할 수 없는 결점 또한 가지고 있습니다. 이런 인강을 똑똑하게 사용하려면, 올바른 활용법을 알아야 합니다. 지금부터 인터넷 강의가 가진 장단점에 대해 살펴봅시다.

인터넷 강의의 가장 큰 장점은 상대적으로 적은 비용으로 유명 강사들의 강의를 들을 수 있다는 것입니다. 같은 강의라도 직접 대치동에서 단과를 수강하면 수십에서 수백만 원의 비용이 들지만, 인강을 통해 수강하면 몇만 원 선에서 해결됩니다. 또한 인터넷 강의는 라이브가 아닌 녹화된 영상을 보는 것이기에 원하는 부분을 중점적으로 여러 번 다시 들을 수 있습니다.

하지만 다른 한편으로 인강은 수강에 강제성이 없으며 순전히 자신의 의지로 수업을 진행해야 합니다. 흔히 '수강 신청만 해 두는' 일이 발생하거나, 또는 수강 중 집중도가 떨어질 수 있습니다.

또한 인강은 수강 중 궁금한 부분이 생겼을 때 도움을 받기가 애매합니다. 물론 강사별로 질의응답 게시판이 있기는 하지만, 게시글을 통한 해결에는 한계가 있을 수밖에 없지요.

이런 이유로, 인강은 학생들이 쉽게 접근하지만, 잘 활용하기가 어려운 학습법입니다. 무엇보다 개인의 강한 의지와 실천력이 뒷받침되지 않으면, 학습 효율이 제로입니다. 그래서 많은 학생이 인강을 적극적으로 활용하지 못하고 있습니다.

각종 인강 사이트의 정기권을 구매하고는 처음 몇 강만 듣다가 끝내 사용하지 않게 되는 게 최악의 상황입니다. 이것 외에도 인강 수강 도중 집중력이 떨어져 내용을 충분히 흡수하지 못하는 것 또한 피해야 할 상황 중 하나입니다. 인강은 강제성이 거의 없어서 이런 문제들이 충분히 발생할 수 있습니다.

# 인강을 꾸준히 듣기 위한 현실적 방법

이런 문제의 해결법은 뻔한 답변일 수 있지만 집중력을 기르라는 것입니다. 그러나 집중력은 하루아침에 생기지 않기 때문에 구체적이고 실질적인 방법이 필요합니다.

첫 번째로 추천하고 싶은 방법은 스탠드형 책상에서 인강을 수강하는 것입니다. 이 방법은 앉아서 장시간 수강할 때 발생하는 집중력 저하를 효과적으로 예방할 수 있습니다. 스탠드 책상이 있는 스터디카페를 이용하거나, 여건이 된다면 집에 직접 설치해 두는 것도 좋은 선택입니다.

두 번째 방법은 이어폰의 음질 모드를 웅장한 음향으로 설정하는 것입니다. 이는 인강 수강 시 집중력을 끌어올리는 데 도움이 됩니다. 몰입감 있는 음향 환경을 만드는 것이 의식의 분산을 줄이고 집중 유지 시간을 늘리는 데 효과적입니다.

하지만 앞서 언급한 두 가지 방법만으로는 인강을 아예 듣지 않게 되는 상황을 완전히 막을 수는 없습니다. 이 부분에 대해서는 똑 부러지게 제시할 '정답'이 없습니다. 이것은 단순히 인강 수강에만 해당하는 문제가 아니라, 더 근본적으로는 '스스로 공부를 하느냐, 하지 않느냐'와 관련된 문제이기 때문입니다.

스스로 공부하지 않는 학생에게는 저마다의 이유가 있습니다. 그리고 그 이유를 극복해 스스로 공부하도록 만드는 방법 역시 사람마다 다룹니다. 결국 하나의 정답은 없으며, 각자의 상황에 맞는 다양한 해법이 존재할 뿐입니다.

예를 들어, 친구들과 스터디 그룹을 만들어 서로 동기 부여를 주는 방법도 있을 수 있고, 스터디카페 이용권을 한 번에 여러 장 구매해 '아까워서라도 가야 한다'라는 마음을 활용하는 방법도 있습니다. 이 밖에도 자신에게 맞는 다양한 방식이 있을 것이며, 어떤 방법을 선택할지는 결국 여러분의 자율적인 결정에 달려 있습니다.

## 인강을 '슬기롭게' 활용하는 단계별 전략

지금까지는 인강을 어떻게 '성실하게' 활용할 것인가에 대해 살펴봤다면, 이제부터는 인강을 어떻게 '슬기롭게' 활용할 것인가에 대해 알아보겠습니다. 모든 과목에는 다음과 같은 학습 과정이 있습니다.

좀 더 자세히 들어가면, 학습 과정은 다음과 같이 나뉠 수 있습니다.

개념 학습 &기초 문제 풀이 ➡ 심화 개념 학습&기출 문제 풀이 ➡ 심화 문제 풀이 ➡ 실전 문제지 학습

중학생까지는 주로 교사 중심의 학습 과정에 따라 공부를 진행합니다. 하지만 앞으로 고등 과정을 준비하려면, 이제는 스스로 주도하는 학습 과정으로 전환해야 합니다.

그러니 여기서는 '인강을 어떻게 슬기롭게 활용할 것인가'를 스스로 주도하는 학습 과정을 중심으로 설명하겠습니다. 우선 개념 학습에서 인강은 매우 강력한 힘을 발휘합니다. 독학이나 동네 학원을 통한 학습은 오개념이 생길 위험이 있고, 학교 수업만으로는 진도가 느리다는 한계가 있습니다. 반면 인강은 의지만 있다면 빠른 속도로 학습을 진행할 수 있고, 철저히 검수된 교재를 사용하고, 실력 있는 강사가 강의를 진행하기 때문에 학습에 오개념이 생길 가능성도 훨씬 낮습니다.

그러나 문제 풀이 단계에서는 인강을 활용하는 데는 주의가 필요합니다. 저는 '아무리 고민해도 풀리지 않는 문제'의 풀이 과정을 확인하는 용도로만 인강을 활용하기를 추천합니다. 문제 풀이는 어디까지나 자신의 사고력과 문제 해결력을 키우려는 목적으로 진행하는 과정입니다.

그런데 스스로 문제를 풀지 않은 채, 인강에서 강사가 문제를 해결하는 모습을 보기만 하는 학습 방식은 절대 도움이 되지 않습니다. 이런 학습은 이해보다는 수동적인 암기에 그치기 때문에 장기적인 실력 향상으로 이어지기가 어렵습니다.

이는 실전 문제지를 학습할 때도 마찬가지입니다. 애초에 내신 실전 문제지는 인강이 제공되지 않는 경우가 많지만, 제공되는 실전 모의고사 문제지도 정말 마지막까지 모르는 문제에 대해서만 인강을 통해 학습하기 바랍니다. 우리는 되도록 스스로 문제를 해결함으로써, 본인이 가진 사고력을 키우는 것이 더욱 중요하다는 사실을 잊지 말아야 합니다.

# 학원은 성적을 올릴 수도, 시간만 버릴 수도 있다

## 여전히 중요한 학습 수단, '학원'

여기서 말하는 학원은 누구나 이용할 수 있는 동네 학원을 의미합니다. 흔히 말하는 '시대인재, 강남대성, 러셀' 등 대형 단과 및 재수 종합학원을 뜻하지 않습니다.

학원은 예전부터 가장 흔한 전통적인 학습 방식입니다. 요즘은 인강의 보급으로 예전만큼 영향력은 줄었지만, 여전히 교육 시장에서 중요한 역할을 하고 있습니다. 그러나 학원 또한 나름의 장단점이 있는 학습 수단입니다. 최고의 효율을 위해서는 이러한 사항을 이해하고 학원을 활용하는 게 중요합니다. 지금부터 학원이 가진 장단점에 대해 살펴보겠습니다.

학원은 개인별 맞춤 코칭부터 그룹별 맞춤 코칭이 가능하다는 장점을 가지고 있습니다. 전국적으로 수천, 수만 명이 수강하는 인터넷 강의와 비교했을 때, 소수의 인원으로 진행하는 학원 강의는 각 학생에 대한 케어가 훨씬 수월하게 이루어집니다. 또한 학원은 인근 학교의 내신 시험에 대한 다량의 데이터를 가지고 있는 경우가 많기 때문에 해당 학교의 내신 대비에서는 매우 효율적입니다.

무엇보다 학원의 장점은 인강에 비해 매우 강한 강제성을 가지고 있다는 점입니다. 학원을 가지 않았을 때는, 어떠한 형태로든 일련의 제재가 가해지거나, 또 학원 숙제를 안 한 경우에도 여러 제제가 있는 편입니다.

반면 학원은 수능 대비 학습에 있어서는 효율이 떨어지는 경우가 많습니다. 어쩔 수 없는 강의력의 차이도 있지만, 동네 학원 자체가 수능보다는 내신 위주의 수업에 많이 집중하기 때문이기도 합니다. 또한 집에서 편히 듣기만 하면 되는 인터넷 강의와 달리, 학원은 이동 시간이 필요하다는 단점도 있습니다. 혹시나 학원이 집에서 먼 곳에 있다면 더욱 시간을 낭비할 수 있습니다.

# 자기주도 학습의 보조 수단으로 활용

이런 문제를 근본적으로 해결할 방법은 사실 없습니다. 인강의 단점은 대부분 학습자 본인에게서 비롯되지만, 학원의 단점은 대체로 학습자 개인이 통제할 수 없는 요인에서 생깁니다. 예를 들어 강사의 강의력이 부족하다거나, 매번 학원으로 이동하는 시간을 소비하는 것 역시 구조적인 한계입니다.

그런데도 학원을 선택하는 데는 다 이유가 있습니다. 사실 학원을 가장 잘 활용하는 방법은 그저 출석을 잘하고, 숙제를 잘하면 됩니다. 가장 중요한 사항은 '어떤 학생들이 학원을 이용해야 하는가?'일 것입니다.

먼저 일반적인 동네 학원은 수능 대비에는 비효율적이니, 내신 대비를 목적으로 하는 학생들이 이용해야 합니다. 만약 목적이 수능 대비라면 어쩔 수 없이 인강을 활용하거나 직접 대형 재수 및 단과 종합학원에 다녀야만 합니다.

만약 스스로 공부를 이어 나갈 정도의 자율 주도 학습이 가능한 학생이라면 학원은 내신 자료 창고 이상의 의미가 없을 것입니다. 하지만 내신 자료는 굳이 학원이 아니라도 여러 자료 공유 사이트에서 찾을 수 있습니다. 하지만 스스로 공부가 잘 안 되는 학생들에게는 오히려 학원이 명쾌한 해답이 되어 줄 것입니다. 강제성이 있다 보니 일단 학원에 등록한 뒤에는 어느 정도 공부를 이어 나가게 도와줍니다. 그리고 이것이 학원이 가진 가장 큰 장점 중 하나라고 봅니다. 즉 학원에 있어서는 '어떻게 하면 학원을 활용할 수 있을까?'가 아닌, '어떤 학생들이 활용해야 가장 많은 도움을 받을 수 있을까?'의 관점에서 바라봐야 합니다.

물론 언젠가는 학원 없이도 스스로 공부를 할 수 있는 수준의 자기 통제력을 갖추어야만 합니다. 이는 공부에 대한 동기 부여를 통해 이루어 낼 수 있는 부분입니다. 하지만 그 단계까지 가기 전에 학원은 유의미한 학습 수단이 되어 줄 것입니다. 물론 어디까지나 학원에 제대로 출석하고, 내 주는 숙제를 제대로 해 간다는 전제하에서 말입니다.

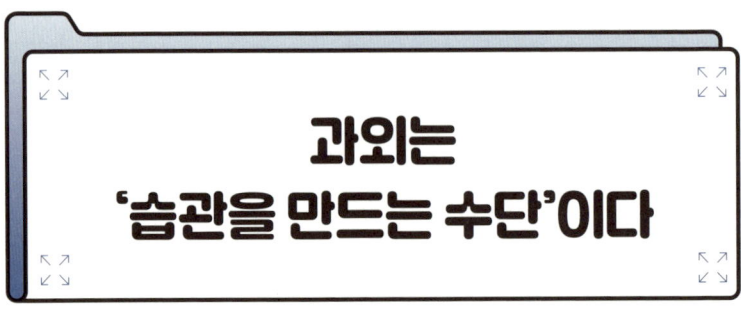

# 과외는
# '습관을 만드는 수단'이다

## 공부 습관이 부족한 학생에게는 '맞춤형 해법'

과외는 학원이나 인터넷 강의 등 다른 학습 수단에 비해 가장 강한 강제성을 지닌 방식입니다. 이 강제성은 과외만이 가진 뚜렷한 장점이자 절대적 우위로 작용합니다.

엄밀히 말해서, 과외는 '강제성'을 제외하고는 앞에서 언급한 인강과 학원에 비해 두드러진 장점이 없습니다. 선생님의 교습 능력이 아무리 출중해도 인강 강사에 비할 수 없을 것입니다. 가격 또한 다른 학습 수단에 비해 비싼 편입니다. 그러니 학습의 강제성이 꼭 필요한 학생이 아니라면, 과외를 추천하지 않습니다.

일반적으로 학습 습관이 거의 잡혀 있지 않은 학생들에게는 강제성이 필요합니다. 이런 학생들에게, 과외가 제공해 주는 1:1 맞춤 학습 케어는 실제로 공부에 많은 도움을 줍니다. 이는 한 명의 강사가 온라인으로 수천, 수만 명의 학생을 담당하는 인터넷 강의에서는 절대로 얻을 수 없는 이점이며, 한 명의 강사가 약 수십 명의 학생을 담당하는 학원에서도 얻기 힘든 이점입니다.

그렇기에 이제 막 공부를 시작하는 학생이라면, 과외는 좋은 선택이 될 수 있습니다. 아직 자신만의 학습 습관이 정립되지 않은 학생들은 교과 내용 학습 이전에 먼저 '공부하는 방법'부터 익혀야 하고, 이에 가장 큰 도움이 되는 학습 수단이 바로 과외이기 때문입니다. 선생님이 직접 집까지 찾아온다는 점 외에도, 강제성은 아직 학습 습관이 잡히지 않은 학생들에게 큰 장점이 됩니다.

그렇기에 만약 과외를 학습 수단으로서 택한다면, 그 목적은 '혼자서는 공부하기 힘든, 다시 말해 학습 습관이 잡혀 있지 않은 학생을 강제로 공부하게끔 만드는 목적이어야 합니다. 보통 공부 습관이 잡혀 있지 않은 학생은 각 교과목에 대한 기초 내용도 학습되지 않은 상태가 대부분입니다. 이럴 때 과외는 인강이나 학원에서 다루기 어려운 기초 개념을 학생 개인의 수준에 맞춰 지도해 주기 때문에 훨씬 효과적입니다.

## 공부 습관이 잡힌 학생에게는 '효율 낮은 투자'

반면에 학습 습관이 어느 정도 형성된, 스스로 공부를 진행할 수 있는 학생이라면, 과외의 이점을 충분히 살릴 수 없을지도 모릅니다. 학생이 스스로 공부하는 습관을 충분히 다진 경우에는 과외에서 끌어낼 수 있는 강제성은 큰 이점이 없기 때문입니다.

하지만 인강과 학원의 특성이 잘 맞지 않는 학생에게는 또 다른 선택지가 될 수도 있습니다. 밖에서 공부하는 것보다 집에서 공부하길 원하는 학생이나, 여러 사람이 있는 공간이 불편한 성향의 학생 또는 자신이 궁금한 것을 바로바로 선생님에게 물어가며 공부하고 싶은 성향의 학생에게는 학원보다 과외가 좋은 학습 수단이 될 것입니다. 또 인강이 지루하고 집중이 안 되는 학생도 과외를 통해 어느 정도 효과적인 학습을 이어나갈 수 있습니다.

그러나 과외의 가장 큰 장점이자 특성은 강제성을 활용해 '1:1 맞춤 케어가 가능한 학습 수단이라는 점입니다. 이를 목적으로 하는 게 아니라면, 학습 수단을 선택할 때 과외는 가장 후 순위로 미루어 두기를 바랍니다.

# 개념과 문제 풀이의 완벽한 균형이 성적을 다진다

## 개념 학습과 문제 풀이의 효과적 분배

어떤 과목이든 개념 학습과 문제 풀이는 학습 과정의 두 가지 큰 축입니다. 그리고 많은 학생이 어느 시점에 어떤 학습을 해야 하는지, 또 각각 어느 정도의 시간과 에너지를 분배해야 하는지 혼란을 겪습니다. 먼저 각 과목의 학습 순서에 대한 이해가 필요합니다. 그리고 그 학습 순서는 '기초 개념 → 기초 문제 풀이 → 실전 개념 → 고난도(기출) 문제 풀이 → 실전 연습'을 기준으로 진행됩니다. 지금부터 개념 학습과 문제 풀이의 분배를 어떻게 해야 할지 자세히 알아보겠습니다.

# 1. 학습 초기 단계: 개념을 익히고 기초 문제로 다지기

각 과목의 학습 초기에는 우선 기초 개념을 학습합니다. 기초 개념은 인강이나 학원 혹은 자습서로 공부할 수도 있습니다. 하지만 확실한 것은 '문제 풀이는 학습한 개념을 완전히 익히는 데 큰 도움을 준다는 것입니다. 문제를 푸는 과정을 통해 우리는 공부했던 개념을 다시 불러오고, 이는 마치 개념을 백지에 복습하는 것과 같은 효과를 가져옵니다. 그래서 개념을 익히는 데 문제 풀이는 큰 도움이 됩니다.

하지만 이 시기는 학습의 초반 단계로, 개념이 아직 충분히 자리 잡지 않은 상태입니다. 이런 상황에서 너무 어려운 문제를 풀려고 하면 오히려 역효과가 납니다. 어차피 풀지 못해서 답지를 보게 되고, 그러면 개념을 제대로 익히지도 못하고 문제 해결력도 향상되지 않기 때문입니다.

수학 문제로 예를 들어 보겠습니다. 기초 개념을 익힌 학습자라면, 개념 원리를 공부한 뒤 《쎈》의 A, B 단계 수준의 문제를 풀어보는 정도가 적당합니다. 만약 여러분이 '이차함수'를 처음 배웠다고 가정해 봅시다.

그러면 다음과 같은 수준의 문제를 해결하는 데 큰 어려움이 없을 것입니다. 개념만 정확히 알고 있다면 풀 수 있는 문제이기 때문입니다.

**10.** 그림과 같이 제1사분면 위의 점 $A(a, b)$는 이차함수 $y = x^2 - 3x + 2$의 그래프 위에 있다. 이 이차함수의 그래프가 $y$축과 만나는 점 B에 대하여 삼각형 OAB의 넓이가 4일 때, $a + b$의 값은? (단, O는 원점이다.) [3점]

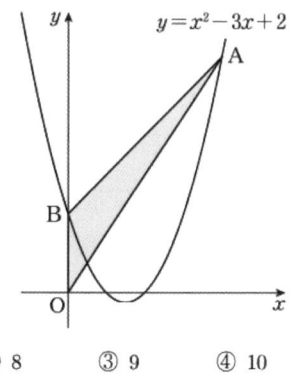

① 7      ② 8      ③ 9      ④ 10      ⑤ 11

▶ 2023년 고1 〈3월 모의고사〉 10번

그러나 다음과 같은 수준의 문제를 해결하는 데는 어려움을 겪을 수밖에 없습니다.

**29.** 좌표평면에서 이차항의 계수가 양수인 이차함수 $y = f(x)$의 그래프 위의 두 점 A, B가 다음 조건을 만족시킨다.

> (가) $a < 2 < b$인 두 수 $a$, $b$에 대하여 $A(a, 1)$, $B(b, 1)$이다.
> (나) 점 $C(2, 1)$에 대하여 $\overline{AC} = 3\overline{BC}$이다.

이차함수 $y = f(x)$의 그래프 위의 점 D에 대하여 삼각형 ADB가 $\angle ADB = 90°$인 이등변삼각형이고 넓이가 16일 때, $f(8)$의 값을 구하시오. [4점]

▶ 2022년 고1 〈3월 모의고사〉 29번

그래서 학습 초기 단계에는 기초적인 개념 학습과 함께 기초 수준의 문제 풀이 학습을 병행하며 충분히 반복해야 합니다. 한 개념에 있어 한 차시의 수업을 나갈 분량 정도를 학습했다면, 다음 개념을 학습하기 전에 이전에 학습한 개념의 기초 수준 문제 풀이를 이어서 진행하는 것입니다. 그 이후 다음 개념을 학습할 때 이전에 학습한 개념을 복습하는 작업 또한 릴레이처럼 반복해 진행한다면 더욱 탄탄하게 학습을 쌓아갈 수 있습니다.

## 2. 학습 중기 단계: 실전 개념과 심화 문제로 확장하기

이 단계는 일반적으로 기초 개념 학습과 기초 문제 풀이를 모두 끝낸 이후를 말합니다. 이때 이루어져야 하는 학습은 본격적인 심화(기출) 문제 풀이입니다.

그러나 심화 문제 풀이를 진행하기에 앞서 지금까지 학습한 개념을 잊어버리지 않았는지 확인해야 합니다. 우리는 학습한 개념을 100% 기억하지 못하는 게 당연합니다. 그렇지만 개념의 일부분을 잊어버린 채 다음 학습을 진행할 수는 없으므로, 꼭 다시 한번 확인하는 작업을 진행해야 합니다. 그러기 위해서 해당 과목 전체의 내용을 담고 있는 실전 문제지를 활용해 봅시다. 굳이 처음 개념을 학습했던 방법을 전체적으로 복기할 필요 없이, 해당 과목의 범위에 있는 실전 문제지 3회 정도만 풀이하면, 그 과정에서 망각한 개념이 자연스레 오답의 형태로 나타납니다. 다시 말해, '오답 문제와 관련된 개념은 잊어버린 개념'으로 판단한 뒤 복습하면 되는 것입니다. 이렇게 단단히 개념을 다지고, 심화(기출) 문제 풀이로 넘어가면 됩니다.

그런데 기초 개념에 더해 '실전 개념'이 있는 과목들이 있습니다. '실전 개념'이란, 몰라도 문제를 풀 수는 있으나, 알고 있다면 문제 풀이에 매우 큰 이점이 되는 개념을 말합니다. 실전 개념은 주로 고등 과목에 분포가 되어 있지만, 중등 과목에서 그 사례를 찾는다면 '피타고라스 수'를 예로 들 수 있습니다.

## 피타고라스 수

피타고라스 정리 $a^2 + b^2 = c^2$ 를 만족하는 양의 정수 조합을 말함.

**100 이하인 목록**

( 3, 4, 5)　( 5, 12, 13)　( 8, 15, 17)　( 7, 24, 25)
(20, 21, 29)　(12, 35, 37)　( 9, 40, 41)　(28, 45, 53)
(11, 60, 61)　(16, 63, 65)　(33, 56, 65)　(48, 55, 73)
(13, 84, 85)　(36, 77, 85)　(39, 80, 89)　(65, 72, 97)

위와 같은 '몰라도 되지만, 알면 편리한' 개념들은 기초 개념 학습과 문제 풀이가 끝난 뒤 진행해야 합니다. 이는 심화 문제를 풀어나가며 동시에 하는 것이 매우 유리합니다. 기초 개념을 학습할 때와 마찬가지로 실전 개념을 학습한 다음, 그와 관련된 심화 문제를 풀어보며 실전 개념에 대한 이해 여부까지 한 번에 확인하는 방식입니다.

물론 실전 개념 역시 학습이 전부 끝난 뒤에 관련 실전 문제지를 풀면서 잊어버린 개념을 확인하는 과정이 필요합니다. 특히 실전 개념은 '몰라도 문제는 풀린다'라는 특성이 있어서, 확인하지 않으면 그 내용을 잊어버렸는지도 모를 때가 많습니다. 그래서 더욱 세심하게 확인해 줘야 합니다.

## 3. 학습 후기 단계: 실전 문제로 완성도 높이기

실전 개념과 심화 문제 풀이까지 전부 끝난 단계입니다. 하지만 '문제 풀이'에 끝이 있을 수가 없습니다. 물론 기초 수준 문제야 개념에 대한 이해를 돕기 위해 푸는 것이기에 전부 이해한 후에는 그만 풀어도 되지만, 심화 문제는 문제 풀이 실력 그 자체를 키우기 위해 진행하는 것이기 때문에 '끝'이 있을 수 없습니다. 있다면 해당 과목의 시험을 전부 마무리한 뒤가 되겠습니다. 그래서 실전 개념을 전부 끝낸 뒤에도, 심화 문제에 대한 풀이는 멈추면 안 됩니다. 개념 학습을 전부 끝낸 뒤 우리가 해야 할 것은 문제 풀이 실력의 함양과 단련이고, 이는 심화 문제 풀이를 통해 가장 효과적으로 달성할 수 있기 때문입니다.

무엇보다 이 단계에서 추가로 해야 할 학습이 한 가지 더 있습니다. 실전 문제지를 통한 실전 연습입니다. 물론 실전 문제지를 통한 학습은 이미 진행했습니다. 여기서 '추가적'이라고 한 것은 실전 문제지를 활용하는 목적에 차이가 있기 때문입니다. 이전까지는 실전 문제지를 활용하는 목적이 '현재까지 학습한 개념에 대한 망각 여부의 확인'이었습니다. 하지만 이제부터 실전 문제지를 활용하는 목적은 말 그대로 '실전 연습'이 됩니다. 이는 실전 연습의 효율을 올리기 위해 필수적으로 진행해야 합니다.

심화 문제 풀이를 진행하며 동시에 정기적으로 실전 문제지를 활용해 시험장과 비슷한 환경을 세팅한 후 실전 연습을 하는 것이 바로 학습 후기 단계에서 진행해야 할 중요 학습입니다.

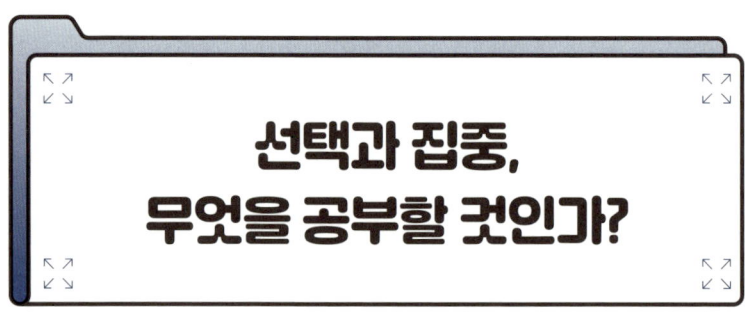

# 선택과 집중, 무엇을 공부할 것인가?

## 공부할 과목의 강약을 정하기

우리 인생에서 '선택과 집중'은 매우 중요합니다. 시간과 재화는 한정적이고 그 안에서 우리는 더 중요한 것에 집중해야만, 좋은 결과를 낼 수 있으니까요. 운동을 할 때 다이어트를 목적으로 한다면 기구와 덤벨, 바벨 등 근육 운동보다는 유산소 운동에 우선 집중하는 것처럼 한정된 시간 안에 해야 할 여러 가지 학습 중에 중요한 과목부터 시작하는 것은 정말 중요합니다.

그리고 이런 선택과 집중은 우리가 공부하는 과정에도 유의미하게 개입합니다. 현실적으로 우리는 공부하는 모든 내용을 100% 머릿속에 넣을 수 없습니다. 그래서 어떤 과목은 힘을 주어 공부하고, 또 어떤 과목은 힘을 빼고 공부할 것인지 등을 선택하고, 그 후에는 집중해야 합니다. 지금부터는 한 과목 내에서 또는 여러 과목에서 우선 학습해야 할 내용을 어떻게 선택하는지, 또 선택한 뒤에는 어떻게 집중적으로 공부하는지 알아봅시다.

## 한 과목 안에서도 전략이 필요

우리가 공부하는 이유는 시험을 잘 보기 위해서입니다. 그리고 시험을 잘 본다는 것은 시험에 등장하는 문제를 잘 푼다는 의미이지요.

사실 시험에 등장하는 문제들은 각 과목의 전반적인 내용에서 고루 출제되어야 합니다. 하지만 현실은 그렇지 않습니다. 한 과목 안에서도 어떤 내용은 관련된 문제가 빈번하게 출제되는 데 비해, 다른 내용은 거의 출제되지 않는 경우도 허다합니다. 또 이전에는 자주 출제가 되었지만, 현재는 더 이상 출제되지 않는 내용도 있습니다.

우리는 학자가 아닌 수험생이기에 학습에도 전략이 필요합니다. 이때 택할 수 있는 탁월한 전략은 시험에 자주 출제되는 내용을 먼저 공부하는 것입니다. 그 말은 즉, 시험에 자주 출제되는 내용을 성공적으로 파악한다는 뜻이기도 합니다. 바로 이 점이 강조하고 싶은 내용입니다.

시험에 자주 출제되는 내용을 파악하는 방법은 생각보다 간단합니다. 이전에 출제된 문제들을 많이 풀어보면 됩니다. 시험 출제 기조를 파악하기 위해서는 현재까지 출제된 문제들을 모두 풀어보는 것은 너무도 당연한 일입니다.

관련 개념을 '한 번' 학습한 뒤, 준비하는 시험이 학교 내신 시험이라면 이전 내신 기출을 최대한 많이 구해서 풀어보기 바랍니다. 수능 모의고사 시험이라면 관련 기출문제집을 풀면 됩니다. 기출문제를 풀며 어떤 개념은 최근 기출에 종종 등장하고 또 어떤 개념은 최근 기출에 등장하지 않는지를 파악한 후, 이후 개념을 공부할 때 시험에 잘 등장하지 않는 개념 학습을 후 순위로 두면 됩니다.

단 여기서 착각하지 않아야 할 점은 단순히 '문제집에 많이 나온다'고 해서 우선 학습해야 할 내용은 아니라는 것입니다. 과거 시험에 종종 출제가 되었던 개념일지라도, 현재는 출제되지 않는 경우가 허다하고, 마찬가지로 과거에는 출제가 되지 않았던 개념일지라도 최근 들어 출제되기도 합니다. 이럴 때는 해당 개념과 관련된 문제가 앞으로도 출제가 될 가능성이 높다고 생각해야 합니다.

다음 문제는 '상용로그의 정수부분과 소수부분'이라는 개념에서 출제된 해당 시험에서 가장 어려운 문제였습니다. 그리고 실제로, 2014년부터 2016년까지의 시험 기조에서 가장 어려운 문제로 출제가 되는 개념은 '상용로그의 정수부분과 소수부분'이었습니다.

**30.** $x \geq \dfrac{1}{100}$ 인 실수 $x$에 대하여 $\log x$의 가수를 $f(x)$라 하자.

다음 조건을 만족시키는 두 실수 $a$, $b$의 순서쌍 $(a, b)$를 좌표평면에 나타낸 영역을 $R$라 하자.

> (가) $a < 0$이고 $b > 10$이다.
> (나) 함수 $y = 9f(x)$의 그래프와 직선 $y = ax + b$가 한 점에서만 만난다.

영역 $R$에 속하는 점 $(a, b)$에 대하여 $(a + 20)^2 + b^2$의 최솟값은 $100 \times \dfrac{q}{p}$이다. $p + q$의 값을 구하시오.

(단, $p$와 $q$는 서로소인 자연수이다.) [4점]

▶ 2016학년도 〈수능 A형〉 30번

하지만 이 개념은 현재 시험에서 더는 어려운 문제로 출제되지 않고 있으며, 아예 출제가 이루어지지 않는 편입니다. 이처럼 시험의 기조를 파악하면 어떤 학습 내용에 집중해야 할지 알게 됩니다.

다음 문제는 '수열의 귀납적 정의'라는 개념에서 출제된 해당 시험의 객관식 중 가장 어려운 문제였습니다. 그리고 위 문제가 출제되기 전까지는 수열의 귀납적 정의에서 고난도 문제가 출제되는 빈도가 매우 적었습니다.

**21.** 수열 $\{a_n\}$이 모든 자연수 $n$에 대하여 다음 조건을 만족시킨다.

> (가) $a_{2n} = a_n - 1$
> (나) $a_{2n+1} = 2a_n + 1$

$a_{20} = 1$일 때, $\displaystyle\sum_{n=1}^{63} a_n$의 값은? [4점]

① 704　　② 712　　③ 720　　④ 728　　⑤ 736

▶ 2020학년도 〈수능 나형〉 30번

하지만 위 문제가 출제된 이후, 수열의 귀납적 정의는 고난도 문제를 이루는 핵심 구성 요소로 떠올라 이후 2021학년도 〈9월 모의평가 나형〉 21번, 2021학년도 〈수능 가/나형〉 21번, 2022학년도 〈9월 모의평가〉 공통 15번 등 꾸준히 고난도 문제로 출제되었고, 최근까지도 계속 그 위세를 떨치고 있습니다.

이렇듯 기출문제를 풀어봄으로써 단순히 '최근 어떤 개념과 문제 유형이 출제되는지'를 잘 따져봐야 합니다. 결국 중요한 것은 최근의 기조이고, 앞으로 여러분이 치를 시험 역시 최근 기조를 따를 것이기 때문입니다.

# 과목들의 효율적인 분배가 성과를 결정

선택과 집중은 여러 과목 중 어느 과목을 집중해 공부할지 결정하는 부분에서도 중요합니다. 우리가 학습해야 하는 과목은 무척 많고, 모든 과목에 전부 동등한 에너지를 투자하지 못하며, 또 그렇게 하는 것은 비효율적이기 때문입니다.

우리는 각 과목의 중요도를 파악해 그에 따라 투자할 에너지를 배분해야 합니다. 그리고 중요도는 '단위수'가 될 것입니다. 모든 과목은 각자만의 '단위수'를 가지고 있습니다. 여기서 말하는 단위수란 해당 과목에 부여된 가중치입니다. 만약 A라는 과목의 단위수가 B라는 과목의 단위수의 두 배일 경우, A보다 B에서 더 높은 성적을 얻는 것보다는 B보다 A에서 더 높은 성적을 얻는 것이 전략적으로 유리합니다. 그렇기에 여러 과목 중에서 선택과 집중을 결정할 때 가장 먼저 고려해야 할 것은, 과목들의 단위수 즉 각 과목이 가진 가중치입니다.

그런데 만약 과목들에 부여된 단위수가 같다면 어떻게 해야 할까요? 물론 이때 여러분이 할 수 있는 가장 이상적인 선택은 두 과목 모두 열심히 공부해 모두 높은 성적을 거두는 것입니다. 하지만 현실은 두 과목에 동등한 에너지를 투자했으나 각 과목의 성적이 균일하지 않습니다. 과목마다 자기가 가진 실력이 다르기 때문이지요. 하지만 우리는 최대한 모든 과목에서 고루 높은 성적을 거두어야만 합니다. 그래서 이때 활용할 수 있는 전략은 실력이 뒤떨어지는 과목에 집중하는 것입니다.

이미 100점에 가까운 실력을 이룬 과목 대 70점을 겨우 넘길 만한 실력을 가진 과목 중 어떤 과목에 더 많은 투자를 해야 할까요? 당연히 부족한 과목에 집중하는 것입니다. 최대한 모든 과목에서 동등하게 높은 성적을 얻을 수 있게 노력하는 것이 가장 현실적인 선택과 집중의 공부 전략입니다.

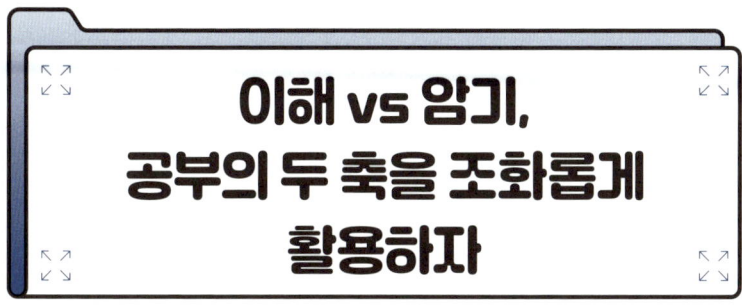

# 이해 vs 암기, 공부의 두 축을 조화롭게 활용하자

## 이해와 암기는 서로를 돕는 파트너

우리가 공부하는 과정을 크게 두 가지로 나누어보라고 하면, 아마 대부분 '이해'와 '암기'라고 할 것입니다. 이해란 '깨달아 앎, 잘 알아서 받아들임, 사리를 분별하여 해석함' 등의 의미가 있습니다. 그리고 암기는 '외워서 기억하는 것'이지요. 이 두 가지는 모두 학습의 주된 요소입니다.

이해와 암기, 둘의 학습 방향은 언뜻 보기에는 서로 대척점에 서 있는 것처럼 보입니다. 우리는 흔히 "이해를 못 하겠다면, 외워 버려라!"라고 말합니다. 반대로 우리가 어떤 개념에 대해 온전히 이해한다면, 더 이상 암기하려고 노력하지 않습니다.

그러나 실제로, 암기와 이해는 반대의 행위가 아닌 서로 보조하는 관계입니다. 우리는 알게 모르게 이해를 통해 암기를 보조하고, 또 암기를 통해 이해를 보조하는 방식으로 학습하고 있습니다.

---

**1.** 일차식 $x+6+2(3x-1)$ 을 옳게 계산한 것은?

① $7x+4$       ② $7x+2$       ③ $4x+7$

④ $4x+2$       ⑤ $2x+4$

---

▶ 2018년 중3 〈국가수준 학업성취도평가〉 수학 1번

위 문제를 풀어봅시다. 우리는 괄호 안의 문자와 숫자에 2를 곱해주고, 문자와 숫자를 따로따로 정리해 주는 방식으로 풀이를 진행합니다. 그리고 이 과정에서 암기할 요소는 하나도 없으며, 온전히 이해만 하면 되는 것처럼 보입니다.

그런데 사칙연산을 처음 배울 때를 생각해봅시다. 1+1=2, 2+2=4, 3+3=6, 4+4=8…… 이 모든 계산이 이루어지는 방식을 처음 접했을 때 한 번에 모든 것을 이해하기 힘들었습니다. 그래서 보통은 2는 1과 1을 더했을 때 나오는 숫자, 4는 2와 2를 더했을 때 나오는 숫자, 6은 3과 3을 더했을 때 나오는 숫자…… 이처럼 외웠을 것입니다. 특히 숫자라는 개념을 처음 배우는 유아들이 완벽하게 사칙연산을 이해하고 시작하기는 힘드니 우선은 암기를 통해 받아들이는 과정을 거칩니다.

겉보기에는 온전히 이해만으로 이루어지는 학습처럼 보여도, 사실은 암기가 보조하고 있는 경우가 많습니다. 반대로 암기에 있어 이해가 보조하는 경우도 있습니다. 다음 예시를 살펴봅시다.

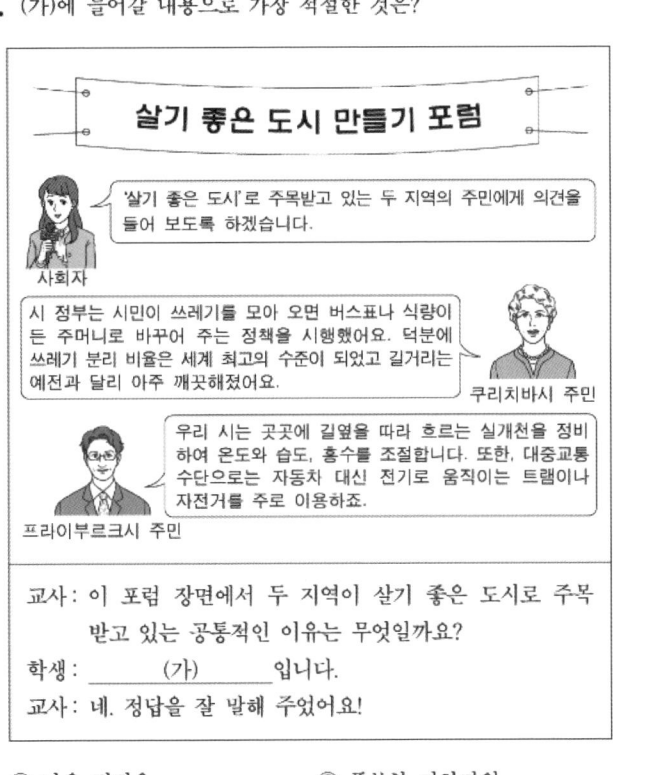

**8.** (가)에 들어갈 내용으로 가장 적절한 것은?

살기 좋은 도시 만들기 포럼

사회자: '살기 좋은 도시'로 주목받고 있는 두 지역의 주민에게 의견을 들어 보도록 하겠습니다.

쿠리치바시 주민: 시 정부는 시민이 쓰레기를 모아 오면 버스표나 식량이든 주머니로 바꾸어 주는 정책을 시행했어요. 덕분에 쓰레기 분리 비율은 세계 최고의 수준이 되었고 길거리는 예전과 달리 아주 깨끗해졌어요.

프라이부르크시 주민: 우리 시는 곳곳에 길옆을 따라 흐르는 실개천을 정비하여 온도와 습도, 홍수를 조절합니다. 또한, 대중교통 수단으로는 자동차 대신 전기로 움직이는 트램이나 자전거를 주로 이용하죠.

교사: 이 포럼 장면에서 두 지역이 살기 좋은 도시로 주목받고 있는 공통적인 이유는 무엇일까요?
학생: _____ (가) _____ 입니다.
교사: 네. 정답을 잘 발해 주었어요!

① 낮은 범죄율　　　　② 풍부한 지하자원
③ 쾌적한 생활환경　　④ 우수한 교육 서비스
⑤ 수준 높은 의료 서비스

▶ 2018년 중3 〈국가수준 학업성취도평가〉 사회 8번

관련 개념을 몰라도, 문제를 읽기만 하면 우리는 답이 3번인 것을 바로 파악할 수 있습니다. '쓰레기 분리에 따른 길거리의 청결', '온도와 습도, 홍수의 조절과 친환경 교통수단의 활용'에서 우리는 큰 어려움 없이 '쾌적한 생활환경'을 연상할 수 있고, 그에 따라 3번을 바로 답으로 고를 수 있습니다. 여기서 연상한다는 것은 머릿속에 암기된 내용을 꺼낸다는 이야기이기도 합니다.

하지만 대부분 이 문제를 풀면서 '지금 암기한 내용을 활용하고 있다'는 생각은 잘 하지 않습니다. 고민하지 않아도 당연하게 진행되는 과정이기 때문입니다. 이런 생각은 바로 '길거리의 청결과 적절한 기후, 교통수단의 효율적인 이용은 생활환경에 긍정적인 영향을 미친다'라는 이해가 바탕이 된 것입니다. 이러한 이해는 따로 학습해서 만들어진 것이 아니라, 일상을 살아가는 매일의 경험 속에서 자연스럽게 형성이 된 것입니다. 이렇게 형성된 이해는 '쓰레기 분리에 따른 길거리의 청결', '온도와 습도, 홍수의 조절과 친환경 교통수단의 활용'을 보고 '쾌적한 생활환경'을 떠올리는 '암기한 내용의 복원'임을 인식할 새도 없이 순식간에 처리됩니다.

이렇듯 암기와 이해는 서로를 보조하는 관계이지, 절대로 한쪽이 활용될 때 다른 한쪽은 침묵하는 배타적인 관계가 아닙니다. 많은 사람이 흔히 이 둘을 배타적인 관계로 오해하고 의식해서 한쪽만 사용하려는 경향을 보이지만, 이해와 암기가 서로 연관이 있는 학습법임을 이해해야만 효과적으로 활용할 수 있습니다.

# 학습의 목적에 따라 이해와 암기를 활용

그렇다면 어떤 방식으로 학습을 진행해야 이 두 가지 요소를 조화롭게 사용할 수 있을까요? 먼저 학습하는 목적을 정확하게 알고 있어야 합니다. 우리가 새롭게 마주하는 내용을 받아들일 때, 어떤 내용은 그 내용이 말하는 바가 무엇인지 파악만 하고 넘어가면 되지만, 어떤 내용은 말 그대로 싹 다 머릿속에 집어넣어야만 합니다.

---

① 희소성의 원칙
  ㉠ 인간의 욕망은 무한한 데(끝이 없는데)비하여 이를 충족시켜 줄 수 있는 자원은 성대적으로 부족(=한정) 하다는것
  ㉡ 희소성은 양의 많고 적음뿐만 아니라 사람들의 필요나 욕구와 관련되어 있음. (예, 북극 지방에는 난로가 많아도 희소성이 있지만, 열대지방에서는 난로가 없어도 희소성이 높다고 하지 않음)
② 선택의 문제 – 자원의 희소성 때문에 결국 선택의 문제가 발생하며 대부분의 경우 한가지를 선택함으로써 나머지를 포기하게 됨

---

위 예시는 경제에서 다루는 '희소성의 원칙'입니다. '인간의 욕망은 무한하나 충족을 위한 자원은 유한함 → 우리는 한 가지를 선택함으로써 나머지를 포기해야 함'이라는 사실만 파악하고 넘어가면 됩니다. 위 내용을 공부할 때, 모든 글자를 하나하나 외울 필요는 없으며, 직접 설명만 할 수 있다면 그 이상 추가적인 학습은 필요 없습니다.

신라 진흥왕은 참 여러가지 일을 한 왕입니다.
진흥왕의 업적에 대해 정리해 보도록 하겠습니다.

첫째, **화랑도를 국가적인 조직으로 개편**하였습니다.

둘째, **불교 교단을 정비**하여 사상적 통합을 도모하였습니다.
이는 황룡사를 건립하고, 전륜성왕 사상을 표방한 것을 통해 알 수 있습니다.

셋째, **한강유역 차지 및 함경도 지역으로 진출**하였습니다.

넷째, 고령의 **대가야를 정복**하였습니다.

다섯째, **진흥왕 순수비를 건립**하였습니다.
진흥왕 순수비에는 마운령비, 황초령비, 북한산비, 창녕비가 있습니다.
마운령비는 함경도 진출의 증거이고, 황초령비는 함경도 진출의 증거입니다. 북한
산비는 한강유역 차지의 증거이며, 창녕비는 대가야 정복의 증거입니다.

여섯째, 「**국사**」**를 편찬**하였습니다.

위 예시는 역사에서 다루는 '진흥왕의 업적'입니다. 진흥왕이 어떤 업
적을 이룩했는지에 대한 학습은 결국 해당 업적들에 대한 암기가 이루어
져야 합니다. '진흥왕'과 '화랑도 조직 개편', '불교 교단의 정비' 간에는 관
련 배경지식이 있지 않은 한 직접적인 연관 관계를 발견하기 어렵습니다.
그래서 결국에는 암기를 통해 전부 머릿속에 집어넣어야 합니다. '광개토
대왕'과 '영토를 넓힘'은 '광개토'라는 이름에서 그 연관 관계를 발견할 수
있지만, 위 예시에서는 이러한 연결점조차 없는 내용이기 때문입니다.

# 이해로 암기를 돕고, 암기로 이해를 완성

이렇게 무엇인지 파악만 하고 넘어가면 되는 내용과 모두 다 머릿속에 집어넣어야만 하는 내용을 파악한 후에는 이해와 암기 중 어떤 방식을 활용할지 고려해야 합니다. 그러나 앞서 이야기했듯이 암기와 이해는 서로를 보조하는 관계이고, 이해를 바탕으로 할 때는 암기가, 암기를 바탕으로 할 때는 이해가 뒷받침해 줄 것입니다.

'희소성의 원칙' 예시에서는 '희소성'이라는 단어 뜻을 정확히 암기하면 그 이후 내용에 대한 이해에 큰 도움이 되며, '진흥왕의 업적' 예시에서는 '한강 유역 차지 및 함경도 지역으로 진출', '대가야를 정복', '진흥왕 순수비를 건립' 이 세 가지에서 '한강 유약을 차지하고 함경도 지역으로 진출할 만큼 영토 확장에 진심이었으니 대가야 또한 정복했을 것이고, 정복한 땅이 자기 것이라고 표시해야 하니 진흥왕 순수비를 건립했겠구나!' 정도로 이해함으로써 암기를 도울 수 있습니다.

이처럼 새롭게 받아들여야 할 내용이 있으면, 그 내용을 파악만 하고 넘어가면 되는 내용인지, 아니면 머릿속에 모두 집어넣어야만 하는 내용인지를 먼저 구분하기 바랍니다. 그리고 필요한 학습 방식을 위주로 공부하면 됩니다.

# 개념부터 시험까지, 완벽하게 되돌아보는 복습의 기술

## 복습도 효율이 필요

복습의 필요성은 누구나 알고 있습니다. 그리고 우리는 저마다 다양한 방식으로 학습한 내용을 복습합니다. 하지만 많은 학생이 비효율적인 방식으로 복습하거나, 또는 '효율이 떨어진다'는 이유로 아예 복습을 포기하기도 합니다.

그래서 지금부터는 효과적인 복습 방식에 대해 개념과 문제 풀이, 시험으로 나누어 설명해 보겠습니다. 개념은 문제 풀이에 중점을 두고, '문제'에 대해서는 '오답 노트'에, '시험'에 대해서는 '과정의 복기'에 중점을 두어 알아보겠습니다.

# 개념 복습은 '다시 보기'가 아니라 '잊은 부분 찾기'

흔히 이전에 학습한 개념을 복습할 때 개념이 담겨 있는 교재나, 개념을 필기한 노트를 다시 보는 방식을 택합니다. 그리고 이 방식은 확실히 개념을 학습한 지 얼마 되지 않은 초기 단계에서는 효과적인 복습법입니다.

하지만 여러 번 학습한 개념을 복습할 때는 이야기가 달라집니다. 대부분 개념이 장기 기억으로 넘어간 이후에는, 개념에 대한 복습은 어디까지나 잊어버린 내용을 다시 불러오는 데 그 목적이 있습니다. 이때 잊어버리지 않은 내용까지 모두 다시 봐야 한다면 정말 비효율적일 것입니다.

내가 잊어버린 내용만 다시 확인해 복습하고 싶을 때, 어떤 내용을 망각했는지 확인하는 가장 좋은 방법은 바로 문제 풀이입니다. 차근히 문제를 풀어보며 관련된 개념을 전부 되새겨 봅니다. 이때 개념이 정확하게 생각나지 않는다면, 관련된 개념을 잊어버렸음을 의미합니다. 이런 방식으로 망각한 개념을 정확히 파악한 뒤에는, 우리가 흔히 복습해 나가던 방식대로, 개념이 담겨 있는 교재를 다시 보거나 혹은 개념을 필기한 노트를 다시 보는 등 자신만의 방식대로 복습하면 됩니다.

**15.** <보기>의 '학습 자료'를 바탕으로 '학습 과제'를 수행한 결과로 적절하지 <u>않은</u> 것은?

---
< 보 기 >

**[학습 자료]**

○ 직접 인용 : 원래의 말이나 글을 그대로 큰따옴표(" ")에 넣어 인용하는 것. 조사 '라고'를 사용함.

○ 간접 인용 : 인용된 말이나 글을 자신의 관점에서 다시 서술하여 표현하는 것. 조사 '고'를 사용함.

**[학습 과제]**

밑줄 친 부분에 주목하여 직접 인용을 간접 인용으로 바꾸어 보자.

ㄱ. 지아가 "꽃이 벌써 <u>폈구나!</u>"라고 했다.
→ 지아가 꽃이 벌써 <u>폈다</u>고 했다.

ㄴ. 지아가 "버스가 벌써 <u>갔어요.</u>"라고 했다.
→ 지아가 버스가 벌써 <u>갔다</u>고 했다.

ㄷ. 나는 어제 지아에게 "<u>내일</u> 보자."라고 했다.
→ 나는 어제 지아에게 <u>오늘</u> 보자고 했다.

ㄹ. 전학을 간 지아는 "<u>이</u> 학교가 좋다."라고 했다.
→ 전학을 간 지아는 <u>그</u> 학교가 좋다고 했다.

ㅁ. 지아는 나에게 "민지가 <u>너</u>를 불렀다."라고 했다.
→ 지아는 나에게 민지가 <u>자기</u>를 불렀다고 했다.

---

① ㄱ  ② ㄴ  ③ ㄷ  ④ ㄹ  ⑤ ㅁ

▶ 2024년 고1 〈3월 모의고사〉 국어 15번


만약 위 문제를 해결하지 못했다면, 우리는 위 문제가 '직접 인용'과 '간접 인용'이라는 개념과 관련이 있다는 점을 파악한 뒤, 미리 정리해 놓은 다음 개념을 복습하면 됩니다.

(6) 인용 표현

　1) 직접인용: 원래의 말이나 글을 그대로 큰따옴표(" ")나 작은따옴표
　　(' ')에 넣어 인용함. 직접 인용된 절에는 조사 '(이)이라고'가 쓰임.

　2) 간접 인용: 인용된 말이나 글을 자신의 관점에서 다시 서술하여 표
　　현함. 인용절 속의 대명사, 시간 표현, 공간 표현, 서술어에 실현되는
　　높임 표현, 종결 표현 등이 원래의 발화와 달라질 수 있음. 간접 인
　　용된 절에는 조사 '고'가 쓰임.

　　한 번 익힌 개념을 복습할 때는 굳이 모든 내용을 다시 학습할 필요 없이 문제를 풀어보며 잊어버린 부분만 확인한 후 복습하면 됩니다. 만약 어느 한 과목의 전체 학습을 완료했지만, 시간이 꽤 지나 여러 부분의 개념을 잊어버렸다면 어떻게 해야 할까요? 이때도 역시 문제 풀이를 도입하면 됩니다. 해당 과목 전체의 내용을 담은 실전 문제지 3~4개를 풀어보며 그 과목을 구성하고 있는 개념 전반에 대해 점검을 한 뒤, 잊어버린 개념을 복습하는 식으로 학습을 진행합니다.

## 문제 복습은 '오답의 원인'을 파악하는 일

　　'개념'이 아닌 '문제'를 복습하는 경우는 흔히 해당 문제를 틀릴 때입니다. 그리고 대부분 문제를 틀리는 이유는 개념을 잊어버렸기 때문이니,

앞에서 언급한 대로 틀린 문제와 관련된 개념을 찾아 복습하면 해야 할 작업은 끝이 납니다.

그러나 문제를 틀린 이유가 개념을 잊어서가 아닌, 문제 자체의 난이도가 매우 높아서일 때는 다른 방식으로 접근해야 합니다. 문제의 형식이 매우 복잡하게 얽혀 있거나, 해당 개념과 관련된 문제에서 정형적으로 출제되는 고난도 유형이라면, 우리는 그 문제에 대해 개념 복습이 아닌, 문제 풀이 방법 또는 해결을 위해 필요한 아이디어를 구하고 또 학습하는 것에 중점을 두어야 합니다.

---

**30.** 그림과 같이 $\overline{AD} /\!/ \overline{BC}$ 인 사다리꼴 ABCD에서 두 대각선의 교점을 E라 하자. 점 E를 지나고 선분 AD와 평행한 직선이 선분 CD와 만나는 점을 F라 하고, 두 선분 AC, BF의 교점을 G라 하자. $\overline{AD}=4$, $\overline{EF}=3$일 때, 사다리꼴 ABCD의 넓이는 삼각형 EGF의 넓이의 $k$배이다. $9k$의 값을 구하시오. [4점]

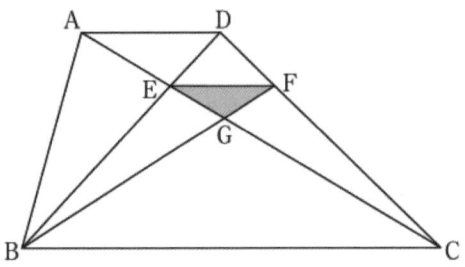

▶ 2022년 고1 〈3월 수학〉 30번

앞의 문제는 형식이 매우 복잡하게 얽혀 있습니다. 도형에 관한 개념을 전부 알고 있다고 해도, 그 개념들을 적절히 엮어 필요한 부분에 제때 활용하는 것은 전혀 다른 차원의 문제입니다. 이런 점이 위와 같은 문제들을 해결하지 못하게끔 하는 가장 중요한 요인으로 작용합니다. 보통 수학 과목에서 이처럼 형식이 매우 복잡하게 얽혀 있는 문제들이 많이 출제됩니다.

**20.** 다음 자료에 대한 분석으로 옳은 것은? [3점]

표는 갑국과 을국의 인구 구성 변화를 나타낸 것이다. A~C는 각각 전체 인구에서 유소년 인구, 부양 인구, 노년 인구가 차지하는 비율 중 하나이다. 갑국에서 t년의 유소년 부양비는 50이다. t년 대비 t+50년에 갑국의 유소년 인구는 10% 감소하였고, 을국의 유소년 인구는 20% 감소하였다. 단, t년에 갑국과 을국의 전체 인구는 동일하다.

| 구분 | 갑국 | | 을국 | |
|---|---|---|---|---|
| | t년 | t+50년 | t년 | t+50년 |
| $\dfrac{B+C}{A}$ | $\dfrac{2}{3}$ | 1 | $\dfrac{7}{13}$ | 1 |
| $\dfrac{B}{C}$ | $\dfrac{1}{3}$ | $\dfrac{2}{3}$ | $\dfrac{1}{6}$ | $\dfrac{2}{3}$ |

\* 유소년 부양비 = $\dfrac{\text{유소년 인구(0~14세 인구)}}{\text{부양 인구(15~64세 인구)}} \times 100$

\*\* 노년 부양비 = $\dfrac{\text{노년 인구(65세 이상 인구)}}{\text{부양 인구(15~64세 인구)}} \times 100$

\*\*\* 전체 인구 중 65세 이상 인구가 차지하는 비율이 20% 이상인 사회를 초고령 사회라고 함.

① t년에 노년 부양비는 갑국이 을국의 2배이다.
② t+50년에 유소년 인구는 갑국과 을국이 동일하다.
③ t+50년에 을국은 갑국과 달리 초고령 사회이다.
④ t년에서 t+50년 사이에 을국에서는 갑국과 달리 저출산·고령화 현상이 나타났다.
⑤ t년에 부양 인구는 을국이 갑국보다 많고, t+50년에 부양 인구는 갑국이 을국보다 많다.

▶ 2024학년도 고3 〈9월 사회·문화〉 20번

앞의 문제는 개념과 관련된 문제에서 정형적으로 출제된 고난도 유형입니다. 이 문제를 풀기 위해 알아야 할 개념은 이 정도에 불과합니다.

$$\text{유소년 부양비} = \frac{\text{유소년 인구(0~14세 인구)}}{\text{부양 인구(15~64세 인구)}} \times 100$$

$$\text{노년 부양비} = \frac{\text{노년 인구(65세 이상 인구)}}{\text{부양 인구(15~64세 인구)}} \times 100$$

그리고 심지어 이 개념은 문제에 나와 있기까지 합니다. 그런데도 위 문제가 71.1%의 오답률을 기록했다는 것은 이 문제의 핵심이 개념의 알고 모르고의 여부가 아니라는 점입니다.

이렇게 문제의 순수 체급이 높아 이를 해결하지 못한 경우, 우리는 전혀 다른 방식으로 대응해야 합니다. 그리고 가장 좋은 방법은 이런 문제를 해결하기 위해 꼭 떠올려야 할 아이디어를 오답 노트에 정리해 두는 것을 추천합니다. 오답 노트 정리에는 여러 가지 형식이 있겠지만, 기본적으로 다음 내용은 전부 포함되어야 합니다.

### 오답 노트에 들어가야 할 내용

| 날짜 | 문제 출처 | 복습 횟수 |
|---|---|---|
| 과목 | 핵심 아이디어 | 행동 영역 |

한 가지 예시를 들어보겠습니다.

**20.** 그림과 같이 제1사분면 위의 점 A를 꼭짓점으로 하는 이차함수 $y = ax^2 + bx$의 그래프가 직선 $x = 3$에 대하여 대칭이다. 점 $B\left(0, \dfrac{10}{3}\right)$에서 선분 OA에 내린 수선의 발 H에 대하여 $\overline{BH} = 2$일 때, $a + b$의 값은? (단, $a$, $b$는 상수이고, O는 원점이다.) [4점]

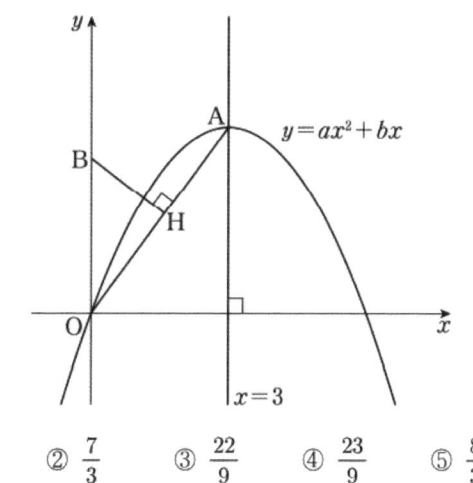

① $\dfrac{20}{9}$　② $\dfrac{7}{3}$　③ $\dfrac{22}{9}$　④ $\dfrac{23}{9}$　⑤ $\dfrac{8}{3}$

▶ 2022년 고1 〈3월 모의고사〉 20번

위 문제를 해결하기 위해서는 다음 조건들을 해석해야 합니다.

1) 그래프가 직선 $x = 3$에 대하여 대칭

2) 수선의 발 H에 대하여 $\overline{BH} = 2$

| 3) 점 B의 좌표는 $\left( 0, \dfrac{10}{3} \right)$

이 조건 중 1)번 조건은 해석이 어렵지 않습니다. 하지만 2), 3)번 조건은 꽤 난이도가 있고, 이에 대한 해석 여부가 위 문제를 해결하는 가장 중요한 핵심이 될 것입니다.

그리고 2), 3)번 조건은 삼각형 OAB의 넓이를 구하는 데 모두 활용할 수 있습니다. 즉, 삼각형 OAB의 넓이를 구하는 데는 두 가지 방법이 있는데, 첫 번째는 선분 OA와 선분 HB를 활용하는 것, 두 번째는 선분 OB와 원점과 가상의 점 (3, 0)을 이은 선분을 활용하는 것입니다.

위의 두 가지 방법을 통해 구한 삼각형 OAB의 넓이가 서로 같다는 점을 활용하면, 문제 해결을 위한 단서는 모두 구할 수 있습니다. 즉, 삼각형 OAB의 넓이를 두 가지 방법으로 구하는 것이 위 문제 해결에 있어 핵심 아이디어가 됩니다. 그렇기에 만약 여러분이 이 문제를 해결하지 못했다면, 아래와 같이 오답 노트를 정리해 둘 수 있습니다.

**오답 노트 정리 예시**

| 3.22 | 2022년 고1 3월 20번 | √√○○○ |
|------|----------------------|--------|
| 수학 | 삼각형의 넓이를 두 가지 방법을 활용하여 구하기 | 직각과 삼각형이 동시에 등장하면 넓이 구해 보기 |

이처럼 정리한 뒤에는, 주기적으로 복습한 뒤 우측 상단의 복습 횟수

를 체크하면 됩니다. 이처럼 문제 자체의 난이도가 클 때는 가장 좋은 복습 기회가 됩니다.

## 시험 복습은 '실전 운용'을 점검하는 과정

실제 시험에서 문제를 틀리는 데는 다양한 이유가 있습니다. 문제와 관련된 개념이 부족한 것일 수도 있고, 문제 자체의 난이도가 매우 높을 수도 있으며, 시험의 운용이 어그러졌기 때문일 수도 있습니다. 여기서 첫 번째와 두 번째 이유는 앞에서 언급한 대로 복습을 진행해 나가면 해결됩니다.

하지만 세 번째 이유라면, 전혀 다른 방식의 복습이 필요합니다. 시험은 어디까지나 실전인 만큼 주어진 시간 안에 특정 형식의 문제지를 풀어야 하고, 그로 인한 긴장감은 상당합니다. 또한 시험 형식에 대한 미숙으로 실제 시험 상황이 아니었다면, 절대 틀릴 일이 없던 문제까지 틀리는 실수 등을 할 수 있습니다.

---

**18.** 최고차항의 계수가 $a$인 이차함수 $f(x)$가 모든 실수 $x$에 대하여

---

이 문제는 제가 고등학생 때 치렀던 2021학년도 고3 〈9월 모의평가〉 수학 18번 문제의 일부입니다. 여기서 저는 '이차함수'를 '삼차함수'로 오독하는 실수를 저질렀고, 그 결과 위 문제에서 15분가량을 허비하며 결국 시험 전체의 운용을 엉망으로 만들었습니다. 실전 상황이 아니었으면 절대 나오지 않았을 실수였으나, 실전에서의 긴장감이 제게 위와 같은 실수를 하도록 만들었던 것입니다.

이와 같은 실전 상황에서는 여러 가지 변수가 있으며, 이에 대비하지 않으면 그로 인해 성적이 낮아질 수 있습니다. 그래서 시험 자체의 운용을 대비하고 연습해야 합니다.

---

### 나만의 시험 운용법

**1.** 국어 선택과목은 20분 안에 해결하고, 해결하지 못한 문제는 공통과목을 전부 해결한 뒤 다시 접근하기

**2.** 수학은 객관식 2점, 3점 → 주관식 3점 → 객관식 4점 → 주관식 4점 순으로 풀어나가기

**3.** 영어 듣기가 나올 때, 18/19/20/25/26/27/28번은 중간에 쉬는 잠깐의 시간에 미리 풀어두기

---

이처럼 시험에 대비해 위와 같은 운용법을 마련해 두어야 합니다. 그러나 때때로 위와 같은 운용법에는 결함이 있을 수도 있으니, 여러 차례

시험을 치르며 필요한 부분은 수정하며 만들어 나갑니다.

앞의 18번 문제는 명백하게 운용법의 결함에서 발생한 실수입니다. '3분 이상 해결에 진척이 나지 않는 문제는 넘긴 후 마지막에 돌아와서 풀기' 정도의 운용법을 마련해 두었다면, 다른 문제를 해결한 뒤 다시 위 문제로 돌아와서 오독했다는 사실을 발견하고는 빠르게 문제를 해결할 수도 있었을 것입니다.

실제 시험에서 이와 유사한 실수를 저질렀다면(문제를 틀렸으나 그 이유가 개념의 망각도, 문제 자체의 난이도 때문이 아니라면) 여러분은 그 문제와 관련해 시험 운용법을 수정해야 합니다. 그리고 그 방향은 당연히 같은 실수를 반복하지 않게끔 하는 것입니다. 이것이 시험 그 자체에 대한 올바른 복습법입니다.

# PART 04

# 공부의 숨은 3대 변수
## 집중·체력·환경

BASIC     ROAD MAP     MIND

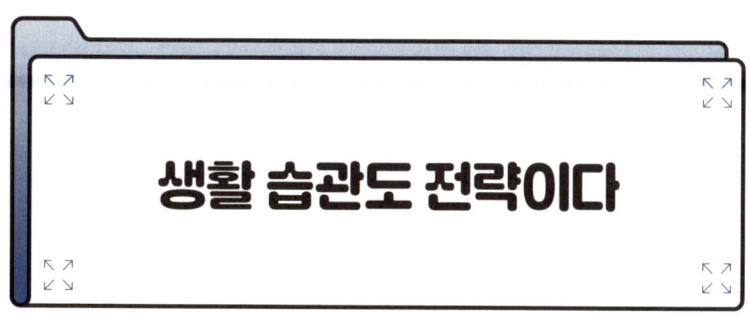

# 생활 습관도 전략이다

## 계획은 공부에만 필요한 것이 아니다

학생들은 흔히 공부'만' 열심히 하면 모든 게 해결될 것이라고 착각합니다. 그래서 다른 요소에 대해서는 전혀 신경을 쓰지 않은 채, 계획을 세울 때 공부 하나에만 집중합니다. 그러나 계획을 세울 때는 공부 외에도 '적절한 생활 습관'을 마련해야 합니다. 예를 들어, '00시에 잠자리에 들고 00시에 일어나기'나 '하루에 00분을 운동에 할당하기' 등의 정도입니다. 이러한 요소는 공부에 직접적인 도움은 안 되지만, 장기적으로 봤을 때 분명히 긍정적인 영향을 끼칠 것입니다.

# 하루의 구조를 먼저 설계하기

생활 습관 계획은 공부 계획과는 조금 다르게 세워야 합니다.

생활 습관 확립의 첫 단계는 공부 계획을 세우기 전에 '하루에 몇 시간을 공부에 할당할 것인가?'에 대한 답을 찾는 것부터 시작해야 합니다. 하루에 몇 시간을 공부에 할당할 것인지를 정하고 나면, 그 이외의 시간에는 운동 등 생활 습관 확립을 위해 투자할 수 있습니다. 그래서 가장 먼저 공부에 몇 시간을 할당할 것인가를 정하는 것이 좋습니다. 이렇게 공부 계획을 세운 후, 생활 습관을 위한 계획을 세우면 됩니다.

생활 습관에 대한 계획을 세울 때 가장 먼저 '몇 시에 자고 몇 시에 일어날까?'를 정해야만 다른 사항을 정할 수 있습니다. 그다음에는 무엇을 위해 시간을 보낼지 생각해야 합니다. 앞에서 언급한 운동이 될 수도 있고, 피로 회복을 위한 낮잠이 될 수도 있습니다. 또는 여러분만이 가진 또 다른 무언가가 될 수도 있겠지요. 아주 작은 부분이라도 습관으로 만들어 생활 속에 규칙적으로 녹여 두면, 훗날 아주 큰 힘을 발휘합니다.

낮잠과 운동 이 두 가지를 습관화하기 위해 꾸준히 하기로 마음먹었다면, 공부 계획을 세울 때 '매일 17:00~18:00까지 낮잠'과 '매일 21:00~21:30까지 운동'과 같이 생활 습관도 계획해야 합니다.

| 1일 차 공부 계획 (예상 시간: 5시간) | | 수행 여부 |
|---|---|---|
| 국어 | 1-1단원 교과서 학습 | ✓ |
| 국어 | 1-1단원 평가문제집 풀이 | |
| 수학 | 1-1~1-2단원 교과서 문제 풀이 + 오답정리 | |
| 영어 | 1-1단원 교과서 지문 학습 | ✓ |
| 영어 | 1-1단원 교과서 지문 변형문제 풀이 | |
| 사회 | 1단원 1/3까지 교과서 복습 | |
| 과학 | 1단원 1/3까지 교과서 복습 | |

　　이처럼 기본적인 매일의 공부 계획을 세우고 생활 습관을 접목한 후 실제로 생활해 보며, 개선해야 할 부분을 찾아 꾸준히 반영해 계획을 수정합니다. 앞서 이야기했듯이 한 번에 완벽한 계획을 짜는 것은 사실상 불가능하기 때문에 일단 계획을 세운 뒤 차차 개선해 나가는 방법을 추천합니다. 직접 실행하며 조금씩 현실적인 내용으로 수정하다 보면 결국 이상적인 계획을 찾을 수 있을 것입니다. 이러한 작업은 그 누구도 대신해 줄 수 없으니 자신이 직접 해야 합니다.

　　계획은 세우는 것보다 오히려 꾸준히 실천하고 지켜나가는 게 어렵습니다. 아무리 이상적인 계획을 세워 봤자, 그것이 습관이 되지 않으면 결국에는 아무 의미가 없습니다. 자기에게 딱 맞는 공부 계획과 생활 습관 계획을 만들어 당장 오늘부터 실전하기 바랍니다.

# 공부의 최대 적, 휴대폰을 내 편으로 만들자

## 극단적인 통제는 오래가지 않는다

아무리 좋은 계획이 있고, 효과적인 수단을 갖추고 있어도, 그 계획과 수단을 활용해 공부할 시간을 마련하지 못하면 이는 아무런 의미가 없을 것입니다.

그런데 공부에 투자할 시간을 마련하는 데 가장 큰 방해물이 되는 요소는 바로 휴대폰입니다. 하루 24시간 휴대가 가능한 특성상 접근성도 매우 좋고, 시간을 빼앗을만한 매력적인 콘텐츠가 이 작은 기기 안에 넘쳐나는 탓에 학생들은 공부의 최대 적을 흔히 휴대폰으로 꼽고 있습니다.

그래서 공부 시간을 확보하는 데 꼭 필요한 작업은 휴대폰을 효과적으로 조절하는 능력입니다. 물론 자신의 의지에 따라 휴대폰 사용 시간을 조절할 수 있는 학생이라면 따로 이에 대한 방안을 마련하지 않아도 될 것입니다. 하지만 대다수 학생들은 이에 해당하지 않습니다.

휴대폰 사용 조절에 문제를 겪는 학생들은 흔히 '보이지 않는 곳에 휴대폰 두기'나 '휴대폰 사용 제어 어플 다운로드하기' 등의 해결책을 마련하곤 합니다. 때로는 '휴대폰을 아예 없애기'나 '스마트폰이 아닌 2G폰으로 바꾸기'와 같은 극단적인 해결책을 도입하기도 합니다.

그러나 이러한 해결책들에는 나름 결점이 있습니다. '보이지 않는 곳에 휴대폰 두기'는 본인이 휴대폰의 위치를 알고 있는 이상 결국 찾아서 하게 될 것이며, '휴대폰 사용 시간 제어 어플 다운로드하기'는 대부분 해당 어플의 결점을 알아내 시간 제어를 뚫어 사용하는 결과로 이어지고야 말지요.

'휴대폰을 아예 없애기'나 '2G폰으로 바꾸기'는 휴대폰 과다 사용에 대한 근본적인 해결책은 될 수 있을지 모르지만, 장기적으로 봤을 때는 얻는 것보다 잃는 게 더 많은 전략입니다. 이 해결책은 우리가 공부와 동등한, 아니 어찌 보면 공부보다도 훨씬 더 큰 가치가 있는 부분을 잃게 만들기 때문입니다.

우리는 학생이기 이전에 어린이 또는 청소년입니다. 이 시기에 또래 친구들과 맺는 관계와 그로 인해 만들어지는 수많은 추억과 기억들, 인간관계와 사회성은 놓치고 지나칠 수 없는 값진 경험이기 때문입니다. 이 때의 경험은 비단 미성년자일 때뿐만 아니라, 추후 성인으로서 이어갈 삶, 즉 대학 생활을 즐기며, 직장인이 되어 사회생활을 이어 나가고, 은퇴한 뒤 여생을 보내기까지 삶의 모든 순간순간에 큰 영향을 미치게 됩니다. '한때의 기억으로 평생을 살아간다'라는 말도 있습니다. 그리고 이제는 우리 삶에서 휴대폰이 차지하는 비중이 매우 큽니다. 즉 휴대폰 없이는 세상을 살아가는 게 어려워졌습니다. 그래서 휴대폰을 무조건 없애는 것은 결코 좋은 선택이 될 수 없습니다.

그렇다면 휴대폰 사용을 효과적으로 제어할 방법은 무엇일까요? 지금까지 제 경험에 비추어보면, 휴대폰 문제를 단번에 해결할 '마스터 키'는 없습니다.

휴대폰 사용 문제로 인해 많은 학생을 상담하며, 저는 그들의 고민에 공통으로 나타나는 부분을 발견했습니다. 휴대폰 사용으로 인해 '공부를 못 한다'라는 점이었습니다. 휴대폰 사용 자체를 문제로 인식하는 것보다도, 휴대폰 사용으로 인해 발생하는 외부적인 결과가 가장 주된 문제가 된 것입니다. 그리고 이 부분에 대해서 이렇게 생각해 보았습니다.

'휴대폰을 사용하더라도,
해야 할 공부를 모두 할 수만 있다면
큰 문제가 아니지 않을까?'

휴대폰 사용으로 인해 발생하는 가장 큰 문제는 결국 해야 할 일을 모두 끝마치지 못하는 것이니 말입니다. 해야 할 일, 공부를 모두 마친 뒤 휴대폰을 사용한다면, 아무런 문제가 없을 것입니다.

그러나 휴대폰 사용으로 인해 문제를 겪는 학생들은 할 일을 모두 마무리하지 못한 상태에서 계속 휴대폰을 사용하게 되어 힘들어했습니다. 이들에게는 휴대폰 사용 절제를 위한 외부적인 도움이 필요합니다.

## 현실적인 해결책으로 절제 습관 만들기

저는 그 외부적인 도움을 '부모님'이 줄 수 있다고 생각합니다. 학교와 학원을 마치고 집에 돌아오면, 부모님께 휴대폰을 맡긴 뒤 해야 할 일을 전부 마무리하기 전까지는 돌려받지 않도록 합니다. 이 해결책은 어찌 보면 매우 간단합니다. 그래서 '이 방법이 과연 효과가 있을까?'라는 생각이 들 수 있습니다. 그러나 저는 이 방법이 휴대폰 사용 절제에 매우 큰 도움이 되는 동시에, 그 이상의 효과가 있음을 알게 되었습니다.

학생들이 흔히 겪는 고민 중에는 비단 휴대폰 사용 때문만이 아니라도 '계획한 일과 공부를 제때 끝마치지 못하는 경우가 있습니다. 이는 동기가 부족하기 때문에 발생하는 문제이지요. 그러나 모든 계획을 끝냈을 때 주어지는 보상이 '마음 편한 휴대폰 사용'이라면 어떨까요? 적어도 휴대폰 사용으로 인해 문제를 겪을 정도로 이것을 좋아하는 학생이라면, 해야 할 일을 모두 끝마치려는 충분한 동기를 가져다줄 것입니다. 결국 이 해결책은 계획한 공부와 일을 모두 수행하게끔 하는 데도 큰 도움을 줄 수 있음을 의미합니다.

먼저 계획한 공부와 일을 다 끝마치면, 부모님은 그 이후의 휴대폰 사용에 아무런 제재를 하지 않는다는 조건이 필요합니다. 만약 공부를 다 끝마친 뒤에도 여전히 휴대폰 사용이 제한적이라면, '휴대폰 사용'이라는 보상이 '계획한 일과 공부의 마무리'라는 행위의 동기 부여가 될 수 없기 때문입니다.

그런데 이 해결책은 부모님이 늘 집에 계시는 가정 환경에서만 가능하다는 한계가 있습니다. 만약 부모님이 맞벌이 등의 사유로 집에 늦게 들어오신다면 새로운 해결책을 찾아야 합니다.

이번 해결책은 학생 본인의 실천이 매우 중요합니다. 사람은 누구나 주변인보다 더 높은 성과를 거두고 싶어 하는 경쟁 심리가 있습니다. 이 심리를 적극적으로 이용하는 것입니다.

비슷한 문제를 공유하고 있는 친구들을 모은 뒤, 〈열정 품은 타이머〉 등 공부 시간 측정 앱을 이용해 각자가 공부하는 시간을 측정한 뒤 공유합니다. 이 시간을 이용해 친구들 간 일종의 내기를 할 수도 있고, 굳이 내기가 아니더라도 지금 당장 내 옆에 있는 친구보다 더 많은 시간을 공부한다는 것은 분명한 성취감으로 다가올 것입니다.

이러한 앱들을 활용해 공부 시간을 측정하는 중에는 휴대폰으로 다른 행위를 하는 것이 불가능하기 때문에 휴대폰 사용도 자연스럽게 절제됩니다. 저도 학생 시절에 휴대폰 사용 시간이 많아서 큰 고민이었지만, 이러한 방법을 활용해 극복했습니다. 경쟁 심리가 아니더라도 친구들과 어울리기를 좋아하는 성격이었기 때문에 각자가 공부한 시간을 공유하는 것은 경쟁보다도 '친구들과의 교류'라고 느껴졌습니다. 친구들과 어울리는 것을 좋아하는 성격의 학생들에게 이 방법은 매우 효과적일 것입니다.

휴대폰의 적절한 사용은 결국 공부를 하는 모든 이가 겪는 영원한 숙제입니다. 저 역시도 이 문제를 겪었지만, 위의 방법들을 활용해 공부 효율이 상승했음을 직접 경험했습니다. 여러분도 휴대폰 사용 문제에 대해 올바른 해결책을 찾기를 바라며, 그 과정에서 지금까지 제시한 방법들이 도움이 되기를 바랍니다.

# 공부보다 더 어려운 '미루는 나'와의 전쟁

## '하기 싫음'은 당연한 인간 심리

'공부'라는 행위는 물론 우리 인생에 도움이 되는 것이지만, 어쩔 수 없이 하기 싫은 일이 될 수밖에 없습니다. 그래서 우리는 종종 해야 하는 공부가 있어도 '미래의 내가 하겠지!'라고 합리화를 하며 미루곤 합니다. 물론 '이때까지는 꼭 하자!'라는 생각을 하긴 하지만, 실제로 생각대로 되는 경우는 아주 드물지요.

그래서 최선의 해결책은 미루는 습관 자체를 고치는 것입니다. 미룬 일에 대해 언제까지 한다는 스스로와의 약속도 지키지 못할 것이라면, 아예 그 약속 자체를 없애버리는 것입니다. 우리는 미루는 습관을 고치는 게 얼마나 중요한지 잘 알고 있습니다. 다만 그 습관을 어떻게 고쳐야 할지 모를 뿐입니다.

이 지긋지긋한 미루는 습관을 어떤 방법으로 고칠 수 있을지 저 역시 정말 많이 고민했습니다. 그에 대해 제가 찾은 답변은 다음의 두 가지 사항을 도입하는 것입니다.

> **1. 해야 할 일을 하지 않았을 때의 페널티와 했을 때의 보상을 도입하기**
>
> **2. 이전에 세웠던 계획 속에 그 일을 새로 포함하기**

흔히 우리가 어떤 일을 누군가가 하게끔 만들고자 할 때는 '당근과 채찍' 즉 보상과 제재를 적절히 사용합니다. 그리고 냉정하게 이야기해서 이러한 보상과 제재 없이 이전까지 하지 않았던 일을 당연한 듯이 하는 것은 불가능합니다. 애초에 그게 가능했으면, 미루는 습관이 생기지도 않았을 것입니다.

## 보상과 페널티로 행동을 '강제'하기

당장 바로 위에서 살펴본 '휴대폰 사용을 효과적으로 제어하기' 또한 보상과 제재의 방식을 도입한 것입니다. 해야 할 공부를 하지 않았을 때는 휴대폰을 하지 못하는 제재를 적용하고, 해야 할 공부를 했을 때 휴대폰을 할 수 있는 보상을 도입한 것이지요. 어찌 보면 동전의 양면과도 같습니다.

해야 할 일을 미루는 습관에 대해서도 이 보상과 제재를 동일하게 적용해 봅시다. 수행평가, 운동, 청소를 주어진 기간까지 했을 때 자신에게 일련의 보상을 제공할 수도 있고, 하지 않았을 때 자신에게 일련의 제재를 가할 수도 있습니다. 그 보상 또는 제재는 앞에서 살펴본 휴대폰에 관한 것일 수도 있고, 또는 용돈이나 게임 등에 대한 것들이 될 수도 있습니다. 어떤 일에 대해 어떤 보상과 제재를 적용할지는, 스스로 정하기 바랍니다.

또는 이렇게 생각을 할 수도 있습니다. 위에서 든 예시 중에서 '수행평가를 하지 않았을 때는 '높은 점수를 받는 것'을 보상으로, '높은 점수를 받지 못하는 것'을 제재로 생각하고, 운동에 대해서는 '건강한 신체를 가지는 것'을 보상으로, '살이 지나치게 찌는 것'을 제재로 생각하고, 청소에 대해서는 '깨끗한 환경에서 살아가는 것'을 보상으로, '더러운 환경에서 살아가야 하는 것'을 제재로 생각하는 것입니다. 제3의 보상 또는 제재를 도입하는 것이 아니라, 해야 할 일과 연결해 직접적으로 보상 또는 제재에 대한 인식을 가지는 방법입니다.

그러나 이 경우 여러분은 각각의 보상과 제재가 받아들여지지 않을 수도 있습니다. 그럴 때 바로 여러분을 움직일 수 있는 제3의 요소를 도입해, 미루지 않고 해야 할 일을 하게끔 하는 나름의 동기 부여를 해 줘야 합니다.

그리고 계속해서 보상 또는 제재를 활용해 할 일을 미루지 않고 제때 해내게 된다면, 어느 순간 그 일을 하는 것이 당연해질 것입니다. 우리가 매일 밥을 먹고 샤워를 하고 이를 닦는 것을 당연하게 여기듯, 이 일들을 하는 것도 너무나도 당연해질 것입니다.

그리고 이것을 '당연한 것'의 영역 안으로 포함하기 위해서는 위의 2번 사항을 도입해야 합니다. 만약 어떤 일을 하고자 마음을 먹었는데, 정작 그 일을 할 시간이 할당되어 있지 않다면, 무리를 해서까지 그 일을 하고자 하는 생각이 과연 들까요?

시간을 마련해도 미루는 습관 때문에 그 일을 실제로 할까 말까인데, 시간조차 마련하지 않는다면, 결국 시작도 하지 못할 것은 자명합니다. 여러분이 어떤 일을 새로 시작하고자 한다면, 그 일을 하는 데 쓸 시간을 무조건 마련해야 합니다.

지금까지 하던 공부, 수행평가, 운동, 청소 등에 새로운 공부를 포함하려 한다면, 먼저 시간을 마련해야 합니다. 이는 공부 시간 자체를 늘리거나, 다른 공부 시간을 줄이는 것으로 해결할 수 있습니다. 또한 수행평가는 산발적으로 일어나기에, 원래는 공부를 위해 마련한 시간을 약간 떼어다가 수행평가가 생길 때마다 활용하면 됩니다.

여러분이 해야 할 일들, 즉 1번과 2번 원칙을 지키지 않았을 때 미루게 되는 일 중에는 매일 꾸준히 해야 하는 일도 있고, 가끔만 필요한 일도 있을 것입니다. 매일 해야 하는 일이라면 하루 일정 속에 그 시간을 반드시 확보하면 되고, 가끔 필요한 일이라면 다른 일정 중 일부를 조정해 시간을 마련하면 됩니다.

정리하자면, 어떤 일을 실천하려면 그 일의 특성에 맞게 '매일 일정 시간을 확보하거나', 또는 '한 번 집중할 시간을 따로 마련한 뒤 보상이나 페널티를 설정하는 방법'으로 미루는 습관을 고칠 수 있습니다.

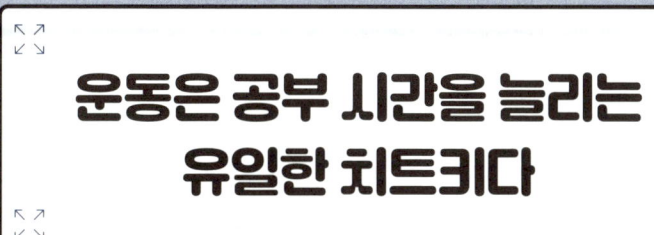

# 운동은 공부 시간을 늘리는 유일한 치트키다

## 공부 효율을 결정짓는 숨은 변수, 체력

앞서 살펴본 '올바른 시험 계획 세우기'와 '효율적인 시간 분배법 찾기'는 한정된 시간을 최대한 효과적으로 활용하는 방법입니다. 다만, 이러한 방법들을 적용한다고 해서 학습에 투입할 절대적인 시간 자체가 늘어나는 것은 아닙니다.

그런데 학습 시간을 근본적으로 늘려 주는 '치트키'가 하나 있습니다. 공부를 해본 사람이라면 누구나 체력이 얼마나 중요한 역할을 하는지 알고 있을 겁니다. 체력이 떨어지면 집중력이 약해지고 공부 효율이 급격히 낮아집니다. 결국 피로 회복을 위해 더 많은 수면이 필요해지고, 이는 학습 전반의 효율을 크게 떨어뜨리는 결과로 이어집니다.

반면 체력이 좋아지면 공부 효율이 늘어나고, 수면 시간도 줄어드는 등 학습 전반적으로 큰 이득이 됩니다. 모두에게 똑같이 주어지는 24시간 중 수면 시간을 줄인다면 그 외의 시간을 좀 더 활용할 수 있지요. 물론 무리해서 수면을 줄이는 것은 좋지 않습니다. 수면을 줄이면 공부 시간은 늘어날지 몰라도, 수면 부족으로 흐릿해진 의식이 공부의 효율성을 줄이니 득보다 실이 많습니다.

대신에 무리하지 않으면서 수면을 줄일 방법을 찾아야 합니다. 이전보다 수면을 줄여도 일상생활에 지장이 없는 체력을 만들어 두는 것입니다. 그런 체력은 바로 꾸준한 운동을 통해 만들 수 있습니다. 공부 시간을 만들어주는 '치트키'는 바로 체력을 키울 수 있게 꾸준히 운동하는 것입니다.

"공부할 시간을 운동에 쏟는다면 너무 손해가 아닌가요?" 하고 물어보는 학생들도 많습니다. 그러나 운동할 시간에 공부한다면, 지금 당장은 더 높은 성적을 얻을지 모르지만, 운동으로 인해 체력을 키운다면 공부할 수 있는 시간이 점점 늘어나 장기적으로 보면 훨씬 유리합니다. 그래서 지금 당장은 시간 낭비처럼 보일 수 있지만, 궁극적으로는 공부하는 데 쓸 시간을 늘리는 긍정적인 효과로 돌아오니, 일종의 '미래 공부 시간'을 위한 '현재 공부 시간'의 투자라고 생각하기 바랍니다.

# 하루 20분의 투자로 얻는 '미래 공부 시간'

만약 시험이 며칠 앞으로 다가와 있는 상황이라면, 운동에 시간을 많이 쓰는 것은 추천하지 않습니다. 운동으로 인한 미래 공부 시간의 증가는 천천히 찾아오기 때문에 빨리 효과를 보기는 무리가 있기 때문입니다. 하지만 시간적 여유가 있다면, 운동을 통해 체력을 키워 공부 시간을 늘리는 전략은 매우 효과적입니다. 더욱이 체력은 수험 생활이 끝난 후 삶에까지 영향을 미치니, 지금의 투자가 앞으로 살아갈 모든 순간에 이득이 될 것입니다.

혹시 지금 과체중인 상태라면, 운동은 더욱 필요합니다. 체중이 많이 나가면 이미 체력은 열악한 상태일 것입니다. 그러니 이미 공부 시간에서 손해를 보고 있는 것이지요. 그러니 하루빨리 운동, 특히 유산소부터 시작해 건강을 관리하고 체력을 늘려야 합니다.

운동을 통해 체력을 키우면 자존감은 물론 긍정적인 마인드도 생겨납니다. 감정 조절이 되지 않아 널뛰었던 기분 정리에도 도움이 되는 등 장점이 아주 많습니다. 만약 공부 시간이 아까워 책상 앞에만 앉아 있다면, 지금 당장 하루 20분이라도 좋으니 밖에 나가서 가볍게 달리기 바랍니다. 여기서 말하지 않은 수많은 이득이 여러분을 찾아올 것입니다.

# 카페, 스터디카페, 자습실? 나의 공부 DNA를 찾자

## 나의 공부 성향 파악하기

공부를 어디서 하는지에 따라 효율이 달라진다는 것은 누구나 느끼는 부분입니다. 공부를 할 수 있는 환경은 학습 계획과 시간 분배를 잘하는 것만큼 중요한 학습 요인입니다. 각자의 공부 성향에 맞지 않는 환경을 선택하거나, 맞는 환경이더라도 주위 정리가 미흡하다면 공부의 효율은 떨어질 수밖에 없습니다.

이렇게 중요한 공부가 하고 싶어지는 환경은 어떻게 만들어야 할까요? 어디서 공부할지 선택하는 데 있어서 가장 우선 고려해야 할 사항은 학생 본인의 공부 성향입니다. 저마다 공부 성향이 다르겠지만, 대체로 다음 두 가지 사항을 확인해 보면 됩니다.

① 주위 분위기를 많이 타는가?
② 공부 외 유혹에 대한 저항력이 강한가?

이 두 가지 사항에 따라 공부할 때 최선의 환경 또한 달라집니다.

### — ①, ② 모두 YES: 조용한 집중형 환경(스터디카페, 자습실, 집)

이런 학생은 주위 분위기를 많이 타는 성향입니다. 그래서 카페나 소음이 있는 공간에서 공부하는 것은 좋은 선택이 아닙니다. 카페에는 공부하려는 사람 외에도 대화를 나누는 사람들이 많아 전반적으로 소음이 많고 어수선한 분위기인 경우가 많습니다.

바로 옆에서 사람들이 이야기하고 있다면, 주위 분위기를 많이 타는 학생이 공부를 열심히 하기란 쉽지 않습니다. 이런 학생들은 주위 사람들이 공부를 열심히 하거나, 적어도 방해받지 않는 환경에서 공부하는 게 좋습니다. 여기에는 스터디카페 또는 학원 자습실, 그리고 방해 요인이 크게 없다면 집에서 공부하는 것도 추천합니다.

공부 외 유혹으로는 휴대폰, 게임, 친구와의 수다 등 아주 다양합니다. 여러분이 유혹에 대한 저항력이 강한 편이라면, 조용한 집에서 해도 계획대로 학습을 진행할 수 있습니다. 이런 학생은 조용히 집중할 수 있는 환경 중 어디를 선택하던 학습에 큰 지장을 받지 않을 것입니다.

### – ①은 YES, ②는 NO: 강한 유혹 차단형 환경(스터디카페, 학원 자습실)

주변 분위기를 많이 타기 때문에 어수선한 분위기보다는 조용하고 집중할 수 있는 환경을 찾아가야 합니다. 그에 덧붙여 공부 외 유혹에 대한 저항력까지 약하다면, 유혹이 가장 많은 집과 같은 환경에는 공부 효율을 제대로 뽑아내지 못할 수 있습니다.

그러니 ②가 NO인 학생들은 공부 환경을 선택할 때 가장 깐깐한 기준을 적용해야 합니다. 이런 성향의 학생에게 카페나 교실에서 하는 공부는 당연히 피해야 하며, 집에서 공부하는 것 또한 추천하지 않습니다. 처음에는 공부가 되는 것 같지만, 어느새 휴대폰을 손에 쥐고 있는 자기 모습을 발견하게 될 것입니다.

이들에게 가장 좋은 공부 환경은 주위가 어수선하지도 않고, 공부 외 유혹에 대한 접근성도 낮은 스터디카페 혹은 학원 자습실이 될 것입니다. 학교에 자습실이 있는 곳도 많지만, 학교에 따라 자습실 내 분위기가 천차만별입니다. 지금 자신의 학교 자습실의 분위기가 어떤지 고려해 결정하는 게 좋습니다.

### – ①은 NO, ②는 YES: 자유형 환경(집, 카페, 공원 등 어느 곳에서나)

주위 분위기에 휩쓸리지 않는 학생이라면, 공부 환경에 크게 신경 쓸 필요가 없습니다. 그저 어딘가에 앉아만 있을 수 있어도 공부를 할 수 있는 성향입니다. 이런 성향의 친구들은 이동하는 차 안이나, 공원 벤치에서도 공부할 수 있습니다.

게다가 공부 외 유혹에 대한 저항력까지 강하다면, 공부 환경을 선택하는 데 있어 크게 고민할 필요가 없습니다. 주위 분위기를 많이 타지 않으니 시끄러운 환경에서 공부해도 괜찮으며, 저항력도 강하니 아무도 관리하지 않는 집에서도 휴대폰이나 게임을 하지 않으니 상관없습니다.

만약 이런 성향에 해당한다면, 공부는 어느 곳이든 자신이 원하는 편안한 곳에서 진행하면 됩니다. 이때 고려할 것은 단 하나, '접근성'입니다. 예를 들어, 너무 먼 곳에 있는 카페에서 공부를 한다면 시간이 많이 낭비되겠지요. 접근성만 고려해 가장 효율적인 공부 환경을 찾아보기 바랍니다.

### – ①, ② 모두 NO: 통제력 강화형 환경(스터디카페, 학원 자습실)

이 학생들은 당연히 '공부 외 유혹에 대한 접근성'을 고려해서 공부 환경을 만들어야 합니다. 말 그대로 공부를 방해할 요소들이 쉽게 손에 닿는 환경에서는 공부를 제대로 할 가능성이 낮습니다. 그러니 이러한 요소들이 최대한 없는 환경을 찾아야 합니다.

생각해보면, '주위 분위기가 어수선한 것은 상관없으나 공부 방해 요소에 대한 접근성은 낮은 환경'을 찾아야 한다는, 매우 이상한 결론에 도달합니다. 그리고 그런 환경은 사실상 없다고 봐야 합니다. 그렇기에 이런 성향의 학생들은, '①은 YES, ②는 NO'에 해당하는 학생들과 동일한 기준으로 공부 환경을 선택하는 것이 좋습니다. '①은 YES, ②는 NO'의 학생들에게 추천한 스터디카페, 학원 자습실 등의 환경은, '①, ② 모두 NO'의 학생들에게도 훌륭한 선택지가 되어 줄 것입니다.

# 의지가 아닌 환경이 집중력을 만든다

## 집중력은 성적을 결정짓는 숨은 힘

　공부할 때 집중력의 유무는 성적에 가장 큰 영향을 미치는 요인입니다. 책상에 아무리 오래 앉아 있어도 집중력이 받쳐주지 않는다면, 시간만 흐를 뿐이기 때문입니다. 대부분 공부는 집중해서 몰입해야 한다는 사실을 알고 있지만, 아는 것만큼 실천하기가 무척 힘듭니다.

　많은 학생이 집중이 잘 안되면, 자신의 의지를 탓하며 자책합니다. 실제로 집중력은 의지에 따라 좌우되는 면이 있습니다. 하지만 하고 싶어도 짧은 시간 안에 자신의 의지력을 극적으로 올릴 방법은 잘 없습니다. 오히려 집중력을 낮추는 원인을 찾아 제거함으로써 집중력 상승을 이끄는 게 효과적입니다.

집중력의 차이는 흔히 '환경'에서 결정됩니다. 환경은 공부의 질을 결정하는 강력한 변수로 작용합니다. 앞서 이야기한 대로 우리는 각자에게 맞는 환경을 찾기 위해 여러 가지 시도를 해봐야 합니다. 그리고 '자신에게 맞는 환경'은 공부 스타일에 따라 천차만별로 달라집니다.

## 공부하며 음악을 듣는 문제

알맞은 환경을 찾았다고 해도 음악을 듣는 문제, 기초 체력 문제 등 집중력을 좌우할 요인은 아직 많습니다. 특히 공부하며 음악을 듣는 문제는 많은 학생 사이에서 뜨거운 감자이기도 합니다. 혹자는 어떤 종류의 학습을 하건 간에 음악 청취는 공부 효율을 해친다고 주장하고, 또 다른 사람은 문제 풀이 공부라면 크게 상관이 없다고 주장합니다. 그리고 제가 이야기할 내용 역시 저의 개인적인 생각일 뿐입니다. 이것이 '정답'이라고 받아들이기보다는 먼저 이 과정을 겪은 선배의 경험쯤으로 참고해 주면 좋겠습니다.

음악 청취는 위의 상황에서만 활용하면 좋겠습니다. 예를 들어 개념 학습을 하면서 음악을 듣는 것은 명백히 학습의 질을 떨어뜨리는 행위입니다. 음악을 듣지 않아도 집중하는 데 큰 문제가 없다면, 집중력을 떨어뜨리는 행위를 굳이 할 이유는 없습니다.

때로는 일부 학생들에게 음악 청취가 집중력을 높여주는 요소로 작용할 수도 있습니다. 만약 여러분이 여기에 해당한다면, 문제 풀이 학습을 할 때 음악을 듣는 것을 추천합니다. 또한 체력이 좋지 않은 학생은 학습하는 도중에 졸음이 오는 경우가 많습니다. 한번 졸음이 몰려오면 아무리 깨려고 해도 어렵습니다. 이때 많은 학생이 커피나 카페인 음료 등으로 잠을 깨보려 하지만, 이는 건강에도 안 좋고, 하루의 생활 리듬을 망칠 수도 있는 매우 좋지 않은 선택입니다. 하룻밤만 새면 되는 학교 시험 전날이라면 모를까, 일정한 생활 리듬을 가져가야 할 수능 대비에서는 최악이라고 할 수 있습니다.

이렇게 졸음이 올 때 제가 활용했던 방법은 다음과 같습니다. 만약 잠이 온다면, 그냥 시간을 정해 두고 잠을 잡니다. 당장은 공부할 시간을 낭비하는 것처럼 보이지만, 잠시 자고 일어나면 훨씬 집중력이 좋아지기 때문에 일종의 '투자'라고 생각해야 합니다. 반쯤 잠에 든 상태로 끝까지 공부를 이어 나가는 것과 일정 시간 잠을 잔 다음에 개운한 상태로 끝까지 공부를 이어 나가는 것 중 제 경험상 학습의 전체적인 효율에 있어서는 후자가 최선이었습니다.

집중력의 저하는 생각보다 공부에 큰 영향을 미치고, 피로의 누적은 집중력에 매우 부정적입니다. 그러니 피로를 완전히 풀어주는 방식으로 해결해야만 합니다.

음악뿐만 아니라 집중력에 영향을 주는 요소들은 매우 다양하고, 그 대응법 또한 저마다 다릅니다. 지금 언급한 음악 청취 외에도 집중력에 긍정적 또는 부정적 영향을 주는 요인은 얼마든지 있으며, 이들을 관리하는 방법을 찾는 것은 여러분 스스로가 해야 할 과제입니다. 어떤 방법이건 간에 확실히 기억해야 할 것은 '각자의 상황에 따라 집중력에 긍정적인 영향을 주는 요소는 저마다 다르다는 것'입니다.

# PART 05

# 공부의 승패는 결국 멘탈에서 결정

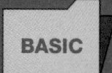 BASIC

 ROAD MAP

 MIND

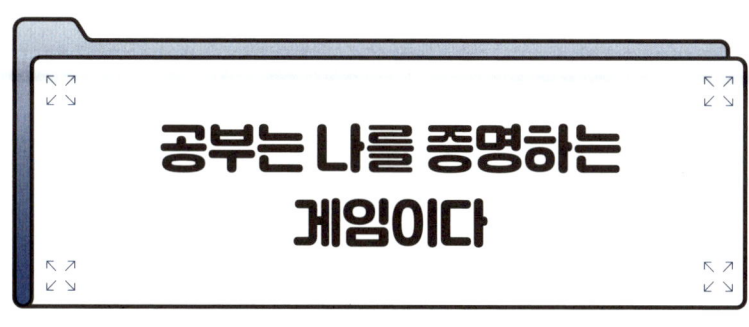

# 공부는 나를 증명하는 게임이다

## 억지로 하는 공부는 고통만 남긴다

이 책을 읽는 학생들이라면, 나름대로 공부해야 할 저마다의 이유를 찾았을 거라고 생각합니다.

공부를 열심히 하는 친구들에게는 확고한 이유 즉 동기가 있었습니다. 어떤 친구는 부모님이 약속한 보상을 받기 위해, 또 어떤 친구는 늘 해오던 습관과 관성에 따라 공부를 이어갑니다. 또 다른 친구는 스스로 가능성을 증명하고자 공부에 힘을 쏟기도 했지요.

중학교 때까지는 공부를 그저 시키니까 해야 하는 행위로 여겼던 저는 억지로 해 나간 학습이 모두 고통스러웠습니다. 그리고 유의미한 결과 또한 얻지 못했습니다. 하지만 한순간 그 이유는 자기 증명으로 옮겨갔습니다. 어떤 것도 잘 해내지 못하던 자신에 대한 분노에서 시작되어 '한심한 자신'을 극복해야겠다는 생각으로 이어졌습니다. 그리고 돌파구로 결국 '공부'를 선택한 것이지요. 여기까지 생각이 미친 이후부터 공부는 제게 마치 게임과 비슷한 것으로 다가왔습니다. 열심히 하면 점수가 오르고, 그에 따라 전국 석차가 오르며 느낄 수 있었던 성취감과 만족감은 중학교 시기에 게임에 빠져 살던 제가 랭크가 오를 때 느끼던 바로 그 감정과 비슷했습니다. 그런 감정을 공부를 통해 느낄 수 있으리라고는 전혀 생각하지 못했습니다.

당시의 전 어떻게 공부를 '하기 싫은 것'에서 '게임'처럼 재미있는 것으로 받아들였을까요? 누군가는 성적이 오르는 경험 때문이라고 말할지도 모르지만, 성적이 오른 것은 공부에 대한 마인드가 달라짐으로 일어난 결과일 뿐, 그 원인은 아니었다고 생각합니다.

'공부에 대한 마인드의 변화가 생긴 때를 회상해 보니, 공부해야 하는 이유를 자신에 찾기 시작하면서부터였습니다. 다시 말하면, 시키니까 억지로 공부하다가 언젠가 나에게 오게 될 이득을 깨닫고 공부하게 된 것이 가장 근본적인 차이였습니다. 이처럼 공부에 대한 진정한 동기 부여는 자기 안에서 찾아야 합니다.

# 진짜 동기는 내 안에 있다

게임에 몰입하는 경우를 생각해 봅시다. 게임에서 높은 기록을 거두고, 순위가 높아진다고 해서 게임 외적인 부분에서 보상이 오지는 않습니다. 그런데도 우리는 게임을 하며 높은 기록을 받으려 노력합니다. 이는 게임에 대한 동기 부여가 게임 그 자체에 있기 때문이지요.

이는 공부에서도 마찬가지입니다. 외적인 이유에 따라 공부하는 것은 어디까지나 한계가 있습니다. 지금 당장 성적을 올리는 데는 어느 정도 효과가 있으나, 장기적인 성적과 궁극적인 실력 상승에는 결코 큰 영향을 미치지 못합니다. 그래서 우리는 공부의 동기 부여를 자신에 관한 것에서 찾아야 합니다.

그러면 어떻게 하면 자기 자신과 관련된 동기를 찾을 수 있을까요? 저는 공부를 해 나간 끝에 목표를 달성한 내 모습을 꾸준히 생각했습니다. 굳이 공부가 아니더라도, 우리는 어떤 목표를 좇아 노력하고, 그 목표를 달성한 자신의 모습을 상상합니다. 다이어트를 하는 사람들은 살이 빠진, 멋진 복근을 가진 자기 모습에 대해 생각하고, 돈을 버는 사람들은 경제적 자유를 이룬 자기 모습을 생각하고, 심지어 게임을 하는 사람들까지 해당 게임에서 최고의 위치에 올라간 자기 모습을 생각합니다. 그리고 이런 생각은 스스로가 해당 위치에서 더 노력하게끔 하는 동기 부여로 작용합니다.

저는 고등학교 때 수능에서 매우 높은 성적을 받아 서울대학교에 진학한 뒤, 저와 같은 후배들에게 공부 관련 조언과 동기 부여를 해주는 제 모습을 계속해서 생각했습니다. 그 과정에서 보게 되는 여러 차례의 모의고사 성적이 마치 하나의 '리더 보드'로 작용하여 계속해서 동기가 강화되었습니다. 그렇게 공부를 해 나간 결과, 억지로 공부할 때 비해서 훨씬 큰 폭으로 성적이 상승되었고, 결국 수능 성적을 잘 받아 서울대학교에 진학할 수 있었습니다.

어떤 일을 하건 간에 동기 부여는 그 일에 온 힘을 다해 몰두할 수 있게끔 하는 중요한 원동력으로 작용합니다. 그러니 여러분이 공부에 대한 올바른 동기를 찾게 된다면, 비약적인 성적 상승을 이룰 수 있으리라는 것은 너무나도 당연한 사실입니다.


공부를 계속해 나간 끝에
목표를 이룬 자기 모습에 대해 계속해서 생각하세요.
이것은 여러분이 공부를 열심히 하게끔 하는
최고의 동기가 되어줄 것입니다.

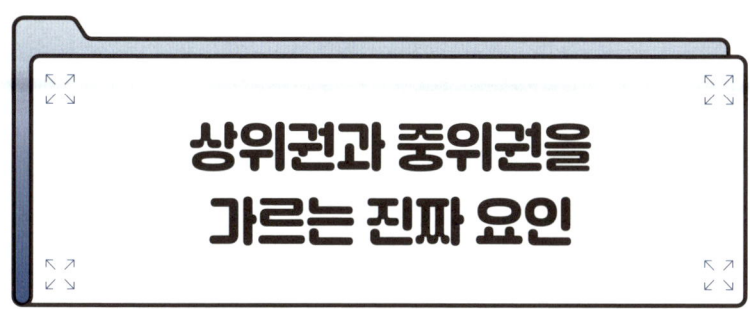

# 상위권과 중위권을 가르는 진짜 요인

이 글은 상위권으로의 도약을 노리는 중위권·중상위권 학생들을 위해 집필했습니다. 저 역시 중위권·중상위권이던 시절이 있었습니다. 당시 제가 성적을 올렸던 생생한 경험에 대한 이야기입니다. 이미 상위권인 학생들은 이 글을 참고만 하기 바랍니다.

## 1. 체계적인 학습 계획으로 공부의 뼈대 세우기

중위권, 또는 중상위권에 머무는 학생 중 상당수는 체계적인 학습 계획 없이 그날그날 하고 싶은 공부를 해 나가는 경향이 있습니다. 그러나 이런 식으로 공부하는 것은 과목별 학습량 불균형과 전반적인 학습량이 부족해지는 문제를 일으켜 효과적인 방법이라 할 수 없습니다. 체계적인 공부의 가장 기초가 되는 뼈대는 〈개념 → 기출 → N제 → 실모〉의 순서대로 이루어지는데, 이 루틴에 따라 효율적으로 공부해 나가기 위해서는 학습 계획을 세우는 게 필수입니다.

체계적인 학습 계획을 세우기 위해 가장 먼저 필요한 것은 '자기 객관화'입니다. 현재 본인이 목표하는 대학과 현재 자신의 학습 수준을 객관적으로 평가하는 과정이 꼭 필요합니다. 이 학습 수준을 평가하고 나면, 위의 네 가지 뼈대에서 어디부터 시작해야 할지 결정합니다.

만약 개념이 완전하게 끝나 있다면 기출 학습으로 넘어가고, 기출 학습까지 완전하게 끝나 있다면 N제 학습으로 넘어가는 식입니다. 여기서 '완전하게'라는 단어가 중요합니다. 완전하지 않고 어중간하게 개념을 알고 있고(개념에서 이해하지 못한 부분이 있는 경우), 또 어중간하게 기출을 마무리한(기출문제를 해결하기 위한 아이디어가 떠오르지 않는 경우) 상태에서 이후의 학습 단계로 넘어가는 것은 뼈대 공사도 마치지 않은 건물에 콘크리트를 붓는 것과 같습니다.

본인이 어디까지 학습을 완료했고, 또 어느 단계부터 학습해야 할지 결정한 후에 학습이 필요한 단계를 구체적으로 결정합니다. 예를 들어, 수학 기출문제를 공부한다고 하면, '기출문제집을 풀고 오답 정리 후 오답 문제와 완전히 이해하지 못한 문제 복습' 또는 '특정 강사의 기출문제집을 풀이한 후 모르는 문제 강의 학습'하는 식으로 계획을 짜 나갑니다.

이렇게 한 단계의 계획을 짠 후 그 계획을 전부 마무리하면, 또 그다음 단계에 대한 계획을 세웁니다. 마지막 단계까지 학습 계획을 한 번에 다 짜 버리는 것은 별로 좋은 방법이 아닙니다. 그렇게 하는 것은 이후 공부하면서 발생할 여러 가지 문제 상황에 대해 능동적으로 대처하기가 힘들기 때문입니다.

한 번에 한 가지 학습 단계의 계획만 짠 후, 그 계획을 완료하고 나면 그 이후 단계의 계획을 짜는 식으로 공부하기 바랍니다.

## 2. 콘텐츠는 단 하나면 충분, 한 우물 파기

학생들이 공부하면서 자주 하는 실수 중 하나가, 여러 가지 콘텐츠를 찾아다니다가 그중 하나도 제대로 마무리하지 못하는 겁니다. 여러 가지 콘텐츠를 전부 접하면 실력이 더 향상될 거로 생각하지만, 결국에는 그 콘텐츠 중 한 가지도 제대로 흡수하지 못하고 끝이 납니다.

이런 상황을 방지하기 위해서 공부할 때는 한 가지 콘텐츠를 선택한 다음, 그 콘텐츠만 꾸준히 학습해야 합니다. 새로운 콘텐츠를 해보고 싶다면, 원래 하시던 것을 마무리하고 넘어가는 게 좋습니다. 그중에서도 특히 인강에서 한 과목당 한 강사의 강의만 수강하는 것을 강력하게 권장합니다. 강사별로 공부에서 강조하는 점이 다르고, 그 강조하는 점들을 수강생이 흡수해야 하는데, 한 과목에서 두 명 이상의 강사 커리큘럼을 따라간다면 시간도 부족하지만, 무엇보다 두 강사에게서 배운 내용이 충돌해 학습에 혼란이 오는 상황이 발생하기 쉽습니다.

'A 강사의 기초 개념 강의를 듣고, 심화 개념 강의는 B 강사의 것을 듣는 식의 학습은 괜찮지 않을까?' 하고 생각할 수 있습니다. 그러나 한 강사가 강조하는 점들은 그 강사의 커리큘럼 안에 전체적으로 녹아 있으므로, 이것 또한 추천하지 않는 공부법입니다.


## 3. 스스로 생각하는 시간을 늘리기

우리가 앞으로 치를 시험의 성패는 사고력에 달려 있습니다. 이 사고력을 늘리기 위한 가장 확실하고 효과적인 방법은 바로 스스로 생각하고 고민하는 시간을 가지는 것입니다. 이해가 가지 않는 개념이 있다면 개념의 원리에 대해 고민해 보고, 풀리지 않는 문제가 있다면 어떻게 해야 이 문제를 풀 수 있을지 충분히 생각해봅니다. 설령 그 문제를 끝까지 못 풀어서 답지를 보게 되더라도, 단순히 풀이를 읽고 넘어가는 것이 아니라 어떤 논리를 거쳐 이 풀이가 전개되어야 하는지에 관해 고민의 시간을 가져봅니다.

여기에서 알아야 할 점은 인강을 듣는 행위는 본질적으로 사고력을 키워 주지 못한다는 것입니다. '인강'의 역할은 문제를 풀기 위한 사고의 방향을 제시해 주는 것이지, 사고력 자체를 키워 주는 것이 아닙니다. 인강에서 제시한 방법에 따라 사고하고 고민해 보면서 문제 해결력과 사고력을 늘리는 것은 온전히 여러분 스스로가 해야 할 몫입니다.

국어가 되었든, 수학이나 영어, 탐구가 되었던 스스로 문제를 풀어보면서 고민하는 시간은 꼭 필요합니다. 시험장에서 문제를 푸는 사람은 인강 강사들이 아닌 여러분이라는 점을 기억하기 바랍니다.


## 4. 비교는 동기 부여까지만, 나만의 페이스 찾기

중위권·중상위권 친구들에게 가장 많은 특징 중 하나는 주위의 상위권·최상위권 친구들을 따라가고, 그들과 자신을 비교하는 것입니다. 물론 적당한 수준의 비교는 동기 부여의 효과를 가져와 공부에 긍정적인 영향을 줄 수 있습니다.

그러나 그 정도가 지나치면, 이것 또한 공부에 방해가 되는 요인이 됩니다. 또한 그 친구들을 따라가느라 자기 수준에 맞지 않는 공부를 하는 것 또한 악영향을 불러옵니다. 앞서 이야기했듯이 학생들은 거쳐야 할 공부의 순서가 있고, 여러분보다 앞서 있는 친구를 따라잡기 위해 그 순서를 무시한 채로 공부하는 것은 오히려 독이 됩니다.

상위권 친구들과 현재의 나 사이에는 실력 차이가 있다는 것, 그래서 그들이 하는 공부와 지금 여러분이 해야 하는 공부가 다르다는 것을 인정해야 합니다. 그러니 그들과의 지나친 비교는 금물입니다.

그들의 존재는 딱 공부의 동기 부여제 정도로만 여기고, 공부의 페이스는 순전히 자신만의 페이스를 찾아야 합니다. 지금 진정으로 나에게 필요한 공부를 찾고 그것을 해 나가는 것, 다시 말해 자기 페이스를 찾고 그 페이스를 따라가는 것이 지금 해야 할 최선입니다.

## 5. 약점을 파고들 때 비로소 오르는 성적

중위권·중상위권과 상위권 이상을 나누는 가장 큰 요소가 무엇일까요? 개념 학습 여부도 학습 성취도를 판가름하는 중요한 요소이기는 하지만, 중위권 이상의 학생들이 개념에서부터 막히는 경우는 거의 없을 것입니다.

그렇다면 타고난 공부 재능일까요? 물론 재능의 정도가 학습 성취도에서 상당한 영향력을 발휘하지만, 재능은 있으나 중위권·중상위권에 머무는 학생들도 있기에 설명할 수 없습니다.

중위권·중상위권과 상위권 이상을 나누는 요소 중 가장 큰 것은 얼마나 많은 약점이 있는지에 대한 여부입니다. 상위권 이상의 학생들에 비해 중위권·중상위권의 학생들은 특정 문제 유형이나 사고력, 문제 해결력 등에서 일반적으로 더 많은 약점을 가지고 있습니다. 이것을 뒤집어서 생각해 보면, 그 약점을 메우는 것이 상위권으로 도약할 열쇠라는 뜻입니다.

그렇기에 자신의 약점을 파악하고, 그 약점을 고쳐 나가려는 노력은 중위권·중상위권 학생들이 가져야 할 가장 중요한 덕목입니다. 만약 여러분이 어떤 특정 과목에서 성적이 오르지 않는다는 생각이 들면, 그 과목의 어느 측면이 약점인지를 먼저 파악합니다. 그 약점들을 파악하지 못하고 이미 완성된, 다시 말해 자신 있는 부분만 반복해 공부하는 것은 성적 향상에 큰 도움이 되지 않습니다.

자신의 약점들을 파악한 다음에는 그것을 보완해 나가는 방향으로 공부를 진행해야 합니다. 비록 그 과정은 자신 있는 부분을 공부할 때와 비교해 훨씬 힘들고 고통스럽겠지만, 그 고통의 시간이 성적 상승의 길을 열어 줄 것입니다.

# 싫어하는 과목일수록 내 편으로 만들자

## 싫어하는 과목은 전략의 대상이다

대부분 좋아하는 과목과 싫어하는 과목이 따로 있는 편입니다. 그리고 좋아하는 과목을 더 공부하고 싶고, 싫어하는 과목을 덜 공부하고 싶은 것은 누구나 똑같은 마음입니다. 그러나 우리는 모든 과목에서 일정수준 이상의 실력을 갖추어야 합니다. 그래서 싫어하는 과목 또한 공부해야 하지요. 그러나 그 과정은 상당한 고통이 따릅니다.

만약 그 고통을 줄일 방법이 있다면 어떨까요? 물론 100%는 아닐지라도, 싫어하는 과목에 접근할 때 유용하게 활용할 수 있는 한 가지 방법이 있습니다. 바로 '공부 방법에 변화를 주는 것'입니다.

# 공부 방법은 하나가 아니다

각 과목은 저마다 공부 방식이 다릅니다. 그리고 같은 과목이라 해도 학교 시험을 준비하는지 또는 수능을 준비하는지에 따라 공부 방법은 또 달라집니다. 그리고 대부분 특정 과목에 대한 공부 방법이 한 가지만 있지는 않습니다. 내신 국어는 관련 사항을 처음부터 달달 외우는 방법도 있고, 또는 문제를 많이 풀어보며 자연스레 익히는 방법도 있습니다. 또는 자신이 직접 문제를 만들어 볼 수도 있으며, 영어 듣기의 경우 듣기 문제집을 직접적으로 푸는 방법도 있습니다. 또한, 유튜브 등을 활용하여 자연스레 영어 콘텐츠를 접하는 것도 방법입니다.

물론 과목마다 많은 학생이 선호하는 공부 방법들이 있습니다. 수학은 문제를 직접 푸는 것 외에도 인강을 통해 모든 문제의 풀이 방법을 '시청하는' 공부법입니다. 그러나 이는 절대로 효율적인 공부 방법이 아닙니다. 직접 문제를 풀지 않고 강사가 풀어주는 내용을 보고만 있어도 되니 편하기는 하지만, 편한만큼 직접적으로 내 사고력을 키우는 데는 한계가 있습니다. 과목마다 나만의 공부법을 찾을 때는 편하게 공부하려기 보다 가장 효과적인 방식이 무엇인지에 초점을 두고 찾길 바랍니다.

여러 가지 공부 방법이 서로 동등한 수준의 효율을 가지고 있다면 이 중 어느 방법을 선택하여 공부해도 괜찮습니다. 그리고 다른 사람에게는 비효율적인 방법이라도 나에게 긍정적인 효과가 있다면 나만의 공부 방법으로 채택하는 것도 좋은 전략입니다.

다음은 한국사의 일부 개념입니다. 한국사는 암기가 주가 되는 역사 과목이기에 암기를 싫어하는 학생들에게는 당연히 싫어하는 과목일 수밖에 없습니다.

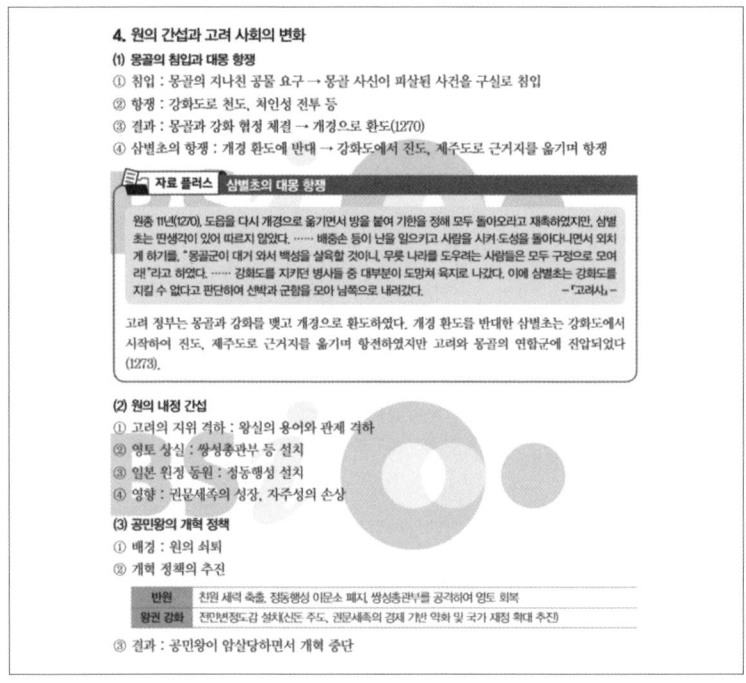

암기를 싫어하는 학생에게 위와 같은 많은 양을 암기해야 한다고 했을 때는 당연히 한숨부터 나올 수밖에 없습니다. 한국사는 많은 학생이 개념을 여러 번 읽어보며 외우고 또 외우는 식의 학습법을 택합니다. 그

러나 저는 다른 방식을 택했습니다.

문제를 푸는 것은 그와 관련된 개념 전체를 한 번 짚고 넘어가는 것과 같기 때문에 문제를 푸는 것은 적어도 우리가 관련 개념을 잊지 않았다는 가정하에 해당 개념을 복습하는 효과를 가지고 있습니다. 그래서 저는 한국사 등 암기 과목을 공부할 때는 개념을 보며 달달 외우는 대신, 개념을 한 번 본 뒤 문제를 계속해서 푸는 방식을 택했습니다. 이렇게 하면 한 번 훑어본 개념 중에 머릿속에 남아 있는 내용이 무엇이고, 모르는 내용이 무엇인지 정확히 알 수 있습니다.

## 나만의 방식이 곧 최고의 선택

이런 방식은 싫어하는 과목을 학습하는 좋은 태도 변화입니다. 방식을 바꿈으로써 하기 싫은 과목도 공부하게끔 만드는 것입니다. 그밖에도 내신 영어 서술형 대비 학습의 지문을 달달 외우는 대신, AI로 변형 문제를 만들어 직접 풀어보거나, 사회 과목의 '지리'를 학습할 때 관련 뉴스나 문서 등을 찾아보는 것 등이 공부법 변화의 대표적인 예시입니다.

물론 이러한 방법이 모든 과목에 적용되는 것은 아닙니다. 하지만 몇몇 과목에 있어서라도 공부에 따른 고통을 조금이라도 줄일 수 있다면, 이런 방법을 적극적으로 활용해 보는 것을 추천합니다.

# 성적이 잘 나오지 않았을 때 멘탈을 부여잡자

## 성적보다 더 무서운 것은 '희망이 사라진 내일'

"힘든 오늘은 사람을 무너뜨리지 못한다.

하지만 희망이 없는 내일은, 사람을 무너뜨린다."

어디서 들었는지는 모르지만 제 마음 깊은 곳에 간직한 격언입니다.

이 말을 입시를 준비하는 시기에 맞게 적용해보았습니다.

"(공부를 하느라) 힘든 오늘은 학생을 무너뜨리지 못한다.

하지만 (성적이 안 나오기에) 희망이 없는 내일은,

학생 한 명을 충분히 무너뜨리고도 남는다."

아무리 하루하루 공부하는 과정이 어려워도 높은 성적이라는 희망이 뒷받침해 준다면, 입시라는 긴 레이스에서 흔들리기는 하지만 결코 꺾이지 않습니다. 하지만 뒷받침해 주는 성적이 없다면, 희망이 없는 내일과 같은 말이기에 우리는 쉽사리 무너지고 맙니다. 그래서 성적이 잘 나오지 않았을 때 멘탈 관리를 하는 것은 입시 레이스를 뛰는 과정에서 매우 중요한 부분입니다.

성적이 잘 나오지 않아도 멘탈을 잡고 끝까지 공부해야 한다는 사실을 모르는 사람은 없습니다. 기대를 저버린 성적에도 아무 일 없다는 듯이 계속해서 공부하는 것이 최선이라는 것을 학생들도 무척 잘 알고 있습니다. 하지만 우리는 감정이 있기에 알면서도 흔들리기 마련입니다.

## 망친 시험지를 다시 풀어라, 복수하듯이!

어느 날 시험에서 기대하던 것보다 낮은 성적을 받았다면, 우리는 멘탈 회복을 위해 효과적인 방법을 도입해야 합니다. 가만히 있는 것은 절망의 구렁텅이 속에 아무런 저항 없이 빠져들게 된다는 것을 의미하기 때문입니다.

저는 '망친 시험지를 실전과 동일한 시간 안에서 최대한 같은 환경을 만들어 다시 풀어보는 방법'을 권장합니다. 이것은 약점 파악을 위한 복기와는 다릅니다. 시험지를 푸는 목적을 '틀린 문제, 애매했던 문제에 대한 복기'에 두지 말고, 실전에서와 마찬가지로 '최대한 높은 점수를 받는 것'에 둡니다.

물론 이전에 한 번 풀었던 시험지이기에, 두 번째 풀 때는 우리 기대에 부합하는 높은 성적을 받을 수도 있습니다. 특히 시험이 끝난 직후 복기를 진행했다면, 만점에 가까운 성적을 받을 수도 있습니다. 어차피 성적표에는 망한 기록만이 올라가는데, 이게 무슨 멘탈 회복이 될까 싶지만, 직접 해보기 전까지는 이 효과를 느낄 수 없을 것입니다.

저 역시 모의고사를 망친 직후 해당 과정을 진행하고, 이에 대한 진정한 의미를 깨달았습니다. 이는 성적이 잘 나오지 않았던 시험에 대한 일련의 '복수'로서의 의미를 가집니다. 다시 말하면, '나는 나에게 어려움을 가져가 주었던 이 시험을 극복했다!'라는 인식을 스스로 심습니다.

한 개의 시험에 공존하는 두 개의 성적, 물론 둘 중 더 높은 가중치를 가진 것은 최초에 거두었던 만족스럽지 못한 성적일 것입니다. 하지만 이후 거둔 만족스러운 성적이 존재한다는 사실만으로도, 멘탈을 훨씬 더 쉽게 부여잡을 수 있습니다.

# 현실적이고 냉정한 분석이 필요

이런 방법을 통해 시험을 망침으로 인해 빠질 수 있는 절망으로부터 헤어 나올 수 있습니다. 하지만 그 이후에는 현실을 마주할 시간입니다. 멘탈을 잡았다면 자신이 왜 만족스럽지 못한 성적을 거두었는지에 대해 성찰하고 또 약점을 보완하는 작업을 진행해야 합니다.

앞에서 언급했던 방법대로, 틀린 문제 그리고 답을 골랐으나 확신을 가지지 못했던 문제들에 대해 어떤 사고 과정을 따랐어야 답을 도출해 낼 수 있었을지, 그리고 관련하여 어떤 개념을 알아야 이후 유사한 문제가 출제되었을 때 빠르게 해결할 수 있을지에 대한 대책도 마련해 둡니다. 성적이 잘 나오지 않았을 때, 우리가 진행해야 하는 작업은 여기까지임을 꼭 기억하세요!

# PART 06

# 꼭 집어주는
# 과목별 공부 튜토리얼

## - 국어·수학·영어·사회·과학 -

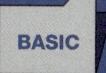
BASIC

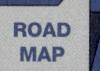
ROAD
MAP

MIND

지금까지 알려드린 곧바로 성적을 올릴 수 있는
효과적인 공부 튜토리얼을 과목별로 직접 적용해 보겠습니다.
공부의 전략과 방법을 알았다면, 이제 실전에 적용하면 됩니다.

가장 대표적인 국어·수학·영어·사회·과학 과목을 예로 들어,
기출문제를 직접 살펴보며 가장 효과적이고
효율적인 공부 전략을 공개합니다.

# \<국어\> 과목에 대한 이해

〈국어〉라는 과목은 문학, 비문학, 문법, 화법, 작문, 매체 등 정말 다양한 구성 요소들로 이루어집니다. 그리고 이 모든 요소를 포함한 국어 학습의 핵심은 '주어진 내용에 대한 올바른 이해'입니다.

먼저 문학을 살펴봅시다. '소설'은 주어진 작품의 줄거리가 어떻게 흘러가는지, 등장인물 간 관계는 어떻게 진행되는지에 대한 이해가 필요합니다. '시'에서는 각 시어의 의미와 시의 전반적인 분위기를 이해해야 합니다.

**(가)**

배를 민다
배를 밀어보는 것은 아주 드문 경험
희번덕이는 잔잔한 가을 바닷물 위에
**배**를 밀어넣고는
온몸이 **아주 추락하지 않을 순간**의 한 허공에서
밀던 힘을 한껏 더해 밀어주고는
**아슬아슬히 배에서 떨어진 손,** 순간 환해진 손을
허공으로부터 거둔다

**사랑**은 참 부드럽게도 **떠나지**
**뵈지도 않는 길**을 부드럽게도

**배를 한껏 세게 밀어내듯이 슬픔**도
**그렇게 밀어내는 것이지**

**배가 나가고 남은 빈 물 위의 흉터**
**잠시 머물다 가라앉고**

그런데 오, 내 안으로 들어오는 배여
**아무 소리 없이 밀려들어오는 배여**

― 장석남, 「배를 밀며」 ―

**23.** (가)에 대한 이해로 적절하지 않은 것은?

① '아주 추락하지 않을 순간'에 '배'를 밀던 '손'이 '아슬아슬히
배에서 떨어진'다는 것은 이별의 정서적 긴장감을 드러낸다.

② '뵈지도 않는 길'은 '사랑'이 '떠나'는 길이라는 점에서, 이별의
막막한 상황을 공간의 형상으로 드러낸다.

③ '슬픔'을 '밀어내는 것'을 '배'를 밀듯 '한껏 세게 밀어'낸다고
한 것은 이별의 아픔을 떨쳐 내려는 화자의 태도를 드러낸다.

④ '배가 나가'며 생긴 '흉터'가 '잠시 머물다 가라앉'는다는 것은
이별의 슬픔이 잦아든 상태에 있음을 드러낸다.

⑤ '밀려들어' 온 '배'는 '아무 소리 없이' 다시 돌아온 배라는 점에서,
대상과의 재회가 예상대로 이루어짐을 드러낸다.

▶ 2025학년도 〈대학수학능력시험〉 출제

● 시어의 의미와 시의 전반적인 분위기를 파악했는지 묻고 있다.

**[앞부분 줄거리]**

설렁탕집 주인 '달평 씨'는 선행은 아무도 모르게 해야 한다는 신념을 가진 인물이다. 그러나 우연히 신문 기자들에 의해 선행이 과장되어 세상에 알려지면서 달평 씨는 대중들의 시선을 의식하게 되고, 본래 자신의 모습을 잃어버리는 첫 번째 죽음을 맞게 된다.

그러나 어쩐 일인지 세상 사람들의 관심은 달평 씨에게서 자꾸 멀어져가고 있었다. 그것을 눈치 못 챈 매스컴들이 아니었다. 달평 씨의 미담이 **세상 사람들에게 알려지는 기회가 부쩍 줄어들**었다.

그러나 달평 씨는 거기서 물러설 위인이 아니었다. 그가 **입을 더 크게 벌렸**다.

"나는 전과잡니다. 용서 못 받을 죄를 수없이 지고도 뻔뻔스럽게 살아온 흉악무도한 죄인입니다."

달평 씨는 듣기에 **끔직한 지난날 자기의 악행**을 요목조목 들추어 만천하에 공개하기 시작했다. 치한, 사기, 모리배, 폭력…… 등등, 그는 초빙되어 간 그 강단에서 꾸벅꾸벅 조는 사람들의 머리를 들게 하고 그 쳐든 얼굴에 공포를 끼얹었다. 그다음에 그가 보여 주는 연기는 참회하는 자의 흐느낌과 손수건을 적시는 눈물이었다. 그리고 그는 결론짓곤 했다.

"여러분은 이제 내가 어째서 내 식구의 배를 굶겨 가면서 나보다 못사는 사람, 나보다 불우한 이웃을 위하는 일에 몸을 던졌는가를 아시게 되었을 겁니다."

청중들이 떠나갈 듯 박수를 치며 고개를 크게 주억거렸다.

"어머니, 그게 사실입니까? 아버지가 신문에 난 것처럼 그렇게 나쁜 죄를 많이 지은 분입니까?"

달평 씨의 아들딸이 숨 가쁘게 달려와 어머니의 얼굴을 쳐다보았다. 그들은 그제야 어머니의 얼굴에 전혀 볼 수 없었던 그늘이 깔려 있음을 발견했다. 그녀의 입에서 나온 대답 역시 전과는 달리 남편이 밖에서 한 말을 부정하는 것이었다.

"아니다. 느 아버진 결코 그렇게 나쁜 짓을 할 어른이 아니다."

"그럼, 뭡니까? 아버진 왜 당신의 입으로 그런 말을 하시는 겁니까?"

그러나 달평 씨의 부인은 더 대답하지 않고, 신문을 보고 부쩍 늘어난, 얼굴이 험악한 사람들의 식당 방문을 맞기 위해 일어서고 있었을 뿐이다. 어쨌든 달평 씨의 그런 ㉠폭탄선언으로 인해 세상 사람들은 **다시 달평 씨를 입에 올리기 시작**했던 것이다. 얼굴이 험악하게 생긴 사람들이 찾아와 손을 벌리기 시작했고 그들이 만든 무슨 **친선 단체의 회장직 감투**가 여지없이 **달평 씨에게 씌워**지기도 했다.

그러나 날 샌 원수 없고 밤 지난 은혜 없다고 세상 사람들은 모든 걸 너무나 쉽게 잊었다. 세상 사람들은 달평 씨를 다시 그들의 관심 밖으로 내동댕이쳤다. 보은 식당의 종업원들은 식당 안에서 나팔질용처럼 초조하게 서성거리는 달평 씨의 모습은 매일 자주 보게 되었다.

"오늘 A 주간 신문 기자가 왔다 갔지?"

어느 날 밖에 나갔다 들어온 달평 씨가 그의 부인한테 물었다.

"예, 왔었어요."

"와서 뭘 묻읍데까?"

"당신이 정말 옛날에 그런 나쁜 짓을 한 사실이 있느냐고 묻더군요?"

"그래서?"

"모른다고 했지요. 제가 잘 모르는 일이기 때문에······"

후우 가슴이라도 쓸어내릴 듯 숨을 내쉬던 달평 씨가 손가락을 동그랗게 해 보이며 물었다.

"그래, 얼마나 쥐여 보냈소?"

"아무것도요. 마침 돈이 집에 하나도 없어서."

"뭐라구? 그래, 그 사람을 빈손으로 보냈단 말이야?"

"아무래도 식당 문을 닫아야 할까 봐요. 지난 기 세금도 아직······"

"뭐야? 도대체 여러분네가 장살 어떻게 하길래 그따위 소릴하는 거야?"

그러나 달평 씨의 부인은 사자처럼 포효하는 남편한테 맞서 대들지 않았다. 언제나처럼 조용한 얼굴로 식당에 찾아온 손님을 맞았을 뿐이다.

이때 식당에 와 있던 달평 씨의 **아들딸들**이 어머니 대신 우, 하고 일어섰던 것이다.

"아버지, 도대체 왜 이러시는 거예요?"

"아버지, 지금 우리 집 형편이 어떻게 돌아가고 있는지 아시고나 계신 겁니까?"

"아빠, 아빠보다 열 배, 아니 백 배, 천 배, 만 배도 더 잘사는 사람들도 못하는 일을 아빠가 어떻게 하신다고 그러시는 거예요? 아빠, **오른손이 하는 일을 왼손이 모르게 하라는 말** 생각 안 나세요?"

"아버지, 제발 정신 좀 차리세요!"

자식들이 내쏟는 그 공박에 속수무책으로 멍청히 듣고만 있던 달평 씨가 벌떡 일어나 종업원들도 다 있는 그 자리에서 ㉡폭탄선언을 한 것이 바로 그때였다.

그것은 정말 대형 폭탄이었다. 어쩌면 달평 씨가 가진 마지막 카드였을 것이다.

"내 이 말은 더 있다가 하려 했었지만······ 기왕 아무 때고 알아야 할 일······ 올 것은 빨리 오는 게 피차······."

여느 때와 달리 말까지 더듬어 대는 달평 씨의 목소리는 사뭇 비장한 느낌까지

드는 것이었다. 종업원들까지 숨을 죽였다.

"너희 셋은 모두 내 핏줄이 아냐. 기철이 넌 호남선 기차간에서 주웠고, 기수 넌 서울역 광장에 버려진 걸 주워온 거고, 애숙이 넌 과수 양갈보촌이 네 고향이지. 물론 남들한테야 저기 있는 느덜 어머니 배 속으로 낳 것처럼 연극을 해왔다만……."

얼굴이 하얗게 질린 달평 씨의 세 남매가 서로 얼굴을 마주 본 다음 황황히 눈길을 피하며, 구원이라도 청하듯 카운터에 앉은 그들의 어머니 쪽으로 고개를 돌렸다.

그때 달평 씨의 부인이 이제까지 그 누구도 보지 못했던 분연한 얼굴 표정으로 일어섰던 것이다. 그네가 소리쳤다.

"여보, 이젠 당신 자식들까지 팔아먹을 작정이에요?"

가속으로 무너져 내려 더 어찌할 길 없는 남편의 그 두 번째 죽음의 순간에 이처럼 거연히 부르짖고 일어선 **그네의 외침은 우리의 달평 씨를 다시 한번 살려 낼 오직 한 가닥의 빛**이었던 것이다.

- 전상국, 「달평 씨의 두 번째 죽음」 -

**26.** 윗글을 이해한 내용으로 가장 적절한 것은?

① 청중들은 달평 씨의 강연을 듣고 나서 심드렁해 했다.

② 달평 씨의 아들딸은 어머니의 발언으로 인해 아버지를 이해하게 되었다.

③ 종업원들은 달평 씨에게 경제적 어려움을 호소하며 도움을 요청했다.

④ 달평 씨는 A 주간 신문 기자를 만나 새로운 선행을 알릴 수 있었다.

⑤ 달평 씨의 부인은 어려워진 식당 운영에 대해 화를 내는 남편에게 맞서 대들지 않았다.

▶ 2025학년도 〈대학수학능력시험〉 출제

**❖ 소설의 이야기가 어떻게 진행되는지 물어보는 문제이다.**

비문학은 당연히 이 글이 어떤 내용을 설명 또는 주장하고 있는지에 대한 이해가 필요합니다. 글에는 나름의 목적이 있기 마련이고, 그 목적은 무엇을 설명하거나 주장하는 것입니다. 이 글을 읽는 사람은 바로 이 설명 또는 주장을 파악하고 이해해야 합니다.

20세기 초 유럽에서 일어난 과학 문명의 발전은 현실을 이루는 법칙을 하나씩 부정하였다. 절대적이라고 믿어 왔던 시공간마저 상대적인 것으로 밝혀지면서, 사람들은 기존에 당연시되어 온 인식에 의문을 품었다. 이는 서양의 회화에도 영향을 미쳐 큐비즘이라는 새로운 미술 양식을 탄생시켰다.

큐비즘은 대상의 사실적 재현에 집중했던 전통 회화와 달리, 대상의 본질을 구현하기 위해 그 근원적 형태를 그려 내는 것을 목표로 삼았다. 이를 위해 대상의 본질과 관련 없는 세부적 묘사를 배제하고 구와 원기둥 등의 기하학적 형태로 대상을 단순화하여 질감과 부피감을 부각하였다. 색채 또한 본질 구현에 있어 부차적인 것으로 판단하여 몇 가지 색으로 제한하였다. 또한 큐비즘은 하나의 시점으로는 대상의 한쪽 형태밖에 표현할 수 없다고 생각하여, 하나의 시점에서 대상을 보고 표현하는 원근법을 거부하였다. 그리고 대상의 전체 형태를 표현하기 위해 다중 시점을 적용하였는데, 이는 여러 시점에서 관찰한 대상을 한 화면에 그려 내고자 한 기법이다.

예를 들어, 한 인물을 그릴 때 얼굴의 정면과 측면을 동시에 표현함으로써 대상의 전체 형태를 관람자들에게 보여 주는 것이다. 이렇게 큐비즘은 사실적 재현에서 벗어나 대상의 근원적 형태를 표현하려 하였으며, 관람자들에게 새로운 미적 인식을 환기하였다. 대상의 형태를 더 다양한 시점으로 보여 주려는 시도는 다중 시점의 극단화로 치달았는데, 이 시기의 큐비즘을 분석적 큐비즘이라고 일컫는다. 분석적 큐비즘은 대상을 여러 시점으로 해체하여 작은 격자 형태로 쪼개어 표현했고, 색채 또한 대상의 고유색이 아닌 무채색으로 한정하였다. 해체 정도가 심해짐에 따라 대상은 부피감이 사라질 정도로 완전히 분해되었다. 이로 인해 관람자는 대상이 무엇인지조차 알아볼 수 없게 되었고, 제목이나 삽입된 문자를 통해서만 대상이 무엇인지 추측할 수 있게 되었다. 대상이 극단적으로 해체되어 형태를 파악하지 못하게 된 문제를 해결하기 위해, 큐비즘은 화면 안으로 실제 대상 혹은 대상의 특성을 잘 드러내는 화면 밖의 재료들을 끌어들였다. 이것을 종합적 큐비즘이라고 일컫는다.

종합적 큐비즘의 특징을 보여 주는 대표적 기법으로는 '파피에 콜레'가 있다. 이는 화면에 신문이나 벽지 등의 실제 종이를 오려 붙여 대상의 특성을 표현하는 기법이다. 예를 들어, 나무 탁자의 질감을 표현하기 위해 화면에 나뭇결무늬의 종이를 직접 붙였다. 화면에 붙인 종이의 색으로 인해 색채도 다시 살아났다.

큐비즘은 대상의 근원적 형태를 화면에 구현하기 위해 대상을 표현하는 새로운 방법을 모색하였다. 큐비즘이 대상의 형태를 실제에서 해방한 것은 회화 예술에 무한한 표현의 가능성을 가져다주었다. 이는 표현 대상을 보이는 세계에 한정하지 않는 현대 추상 회화의 탄생에 직접적인 영향을 미쳤다.

**21.** 윗글에서 알 수 있는 내용으로 적절하지 <u>않은</u> 것은?

① 큐비즘이 사용한 표현 기법
② 큐비즘이 등장한 시대적 배경
③ 큐비즘에 대한 다른 화가들의 논쟁
④ 큐비즘의 작품 경향이 변화된 양상
⑤ 큐비즘이 현대 추상 회화에 미친 영향

**22.** ㉠을 이해한 내용으로 가장 적절한 것은?

① 대상의 본질을 화면에 구현하기 위해 다중 시점에 집착한 결과이겠군.
② 인식의 절대적 기준을 제시하기 위해 대상의 변화를 무시한 결과이겠군.
③ 화면의 공간을 사실적으로 표현하기 위해 대상의 형태를 희생한 결과이겠군.
④ 기하학적 형태에서 탈피하기 위해 대상의 정면과 측면을 동시에 표현한 결과이겠군.
⑤ 관람자들에게 새로운 미적 인식을 환기하기 위해 대상을 있는 그대로 재현한 결과이겠군.

▶ 2024년 고1 〈3월 모의고사〉 출제

**○ 21번 문제와 22번 문제 모두 글의 설명을 올바르게 이해했는지를 물어보고 있다.**

'화법'과 '작문', '매체'를 살펴보겠습니다. 화법에는 어떤 주제와 내용을 대상으로 담화가 이루어지고 있는지, 즉 담화 상황에 대한 이해가 필요합니다. '작문'에는 어떤 주제와 내용을 대상으로 글쓰기가 이루어지고 있는지에 대해 빨리 파악할 수 있어야 합니다. '매체'에는 어떤 내용을 다루고 있으며, 매체를 활용하는 양상은 어떤지를 알아야 합니다.

---

**반대 2** : 최대이륙중량이 250g을 초과하는 소형 드론까지 드론 실명제 적용 대상을 확대해야 한다고 말씀하셨는데, 이 경우 학교 내에서 사용하는 드론이나 일부 완구용 드론도 신고 대상에 포함될 수 있을 것입니다. 이 방안이 실현 가능하다고 생각하시나요? **[A]**

**찬성 1** : 다른 사람에게 피해를 줄 가능성이 있는 드론을 신고해야 한다는 것이지, 교내에서만 사용하는 드론이나 위험도가 낮은 완구용 드론까지 신고해야 한다는 것은 아닙니다.

**반대 2** : 조사 대상 드론 사용자의 20.5%가 안전사고를 일으켰다고 하셨는데, 언급하신 자료는 2kg 이하 소형 드론 사용자만을 대상으로 조사한 자료가 아니지 않나요?

**찬성 1** : 네, 맞습니다. 하지만 드론 실명제의 조종 자격 **[B]** 차등화 규정에 따르면 2kg 이하의 드론은 자격을 취득하지 않아도 조종할 수 있어, 2kg 이하 소형 드론 사용자만을 대상으로 조사할 경우 오히려 안전사고 발생 비율이 올라갈 가능성이 높습니다.

5. [A], [B]에 대한 이해로 적절하지 <u>않은</u> 것은? [3점]

① [A]의 반대 2는 상대측의 의견을 통해 추론한 내용을 제시하며 상대측 의견의 실현 가능성에 의문을 제기하고 있다.

② [A]의 찬성 1은 상대측이 잘못 이해한 내용을 바로잡으며 상대측의 질문 내용이 논제에서 벗어났음을 지적하고 있다.

③ [B]의 반대 2는 상대측이 제시한 자료의 적절성을 평가하며 문제를 제기하고 있다.

④ [B]의 찬성 1은 상대측의 문제 제기를 인정하면서도 자신이 제시한 근거가 타당성이 있음을 강조하고 있다.

⑤ [A]와 [B]의 반대 2는 모두 상대측의 발언 일부를 재진술한 후 자신의 질문에 응답하기를 바라고 있다.

---

▶ 2024년 고1 〈9월 모의고사〉에 출제된 예시

---

**○ 담화 상황에 대한 이해를 직접적으로 물어보고 있다.**

[작문 상황]
　학교 신문의 기고란에 청소년의 눈 건강과 관련된 글을 쓰려고 함.
[초고]
제목 : ┌──────────────────────────────┐
　　　　│　　　　　　　　[A]　　　　　　　│
　　　　└──────────────────────────────┘

**9.** 다음은 초고를 읽은 편집부장의 조언이다. 이를 반영하여 [A]를 작성한다고 할 때, 가장 적절한 것은?

> 요즘 청소년들의 눈 건강 문제가 심각하다는 것과 독자에게 당부하는 바가 잘 드러나는 제목으로 쓰는 게 좋겠어.

① 근시의 잠재적 위험성, 어떻게 눈을 지켜야 할까
② 청소년 시력 이상 적신호, 일상 속 실천으로 눈 건강을 지키자
③ 우리의 일상을 책임지는 감각기관, 소중한 내 눈을 보호하자
④ 청소년 근시 그대로 방치하면, 안질환 발생 위험성 높아진다
⑤ 우리의 눈 건강을 지키는 방법, 일찍 자고 눈의 피로를 풀어주자

▶ 2024년 고1 〈9월 모의고사〉에 출제된 예시

● '편집부장의 조언'에 의거해 글쓰기가 이루어지는 상황에 대한 이해를 바탕으로 제목에 들어갈 내용을 물어보고 있다.

**(가)**

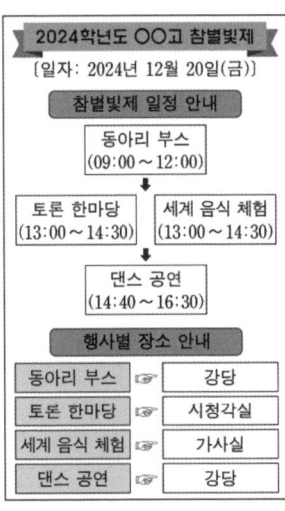

2024학년도 ○○고 참별빛제
[일자: 2024년 12월 20일(금)]

**참별빛제 일정 안내**

동아리 부스
(09:00 ~ 12:00)
↓
| 토론 한마당 | 세계 음식 체험 |
| (13:00 ~ 14:30) | (13:00 ~ 14:30) |
↓
댄스 공연
(14:40 ~ 16:30)

**행사별 장소 안내**

| 동아리 부스 | ☞ | 강당 |
| 토론 한마당 | ☞ | 시청각실 |
| 세계 음식 체험 | ☞ | 가사실 |
| 댄스 공연 | ☞ | 강당 |

**동아리 부스 행사 안내**

◎ 활동 유형별 참여 동아리 안내
- 보고서 발표: 독서, 신문 동아리
- 작품 전시: 미술, 사진 동아리
- 체육 이벤트: 농구, 탁구 동아리

QR 코드를 찍으면 부스별 활동 소개 영상을 볼 수 있어요!

**유의 사항 안내**

| 행사 | 유의 사항 |
|---|---|
| 동아리 부스 | 작품이나 사람과 부딪치지 않도록 주의하기 바랍니다. |
| 토론 한마당 | 출입구가 혼잡할 수 있으니 유의하기 바랍니다. |
| 세계 음식 체험 | 조리 기구 사용에 주의하기 바랍니다. |
| 댄스 공연 | 무대 앞으로 몰리면 위험할 수 있으니 유의하기 바랍니다. |

**44.** (가)에 대한 설명으로 적절하지 않은 것은?

① 각 행사별 진행 절차를 순서도를 통해 보여 주고 있다.

② 안전을 위한 행사별 유의 사항을 표를 통해 제시하고 있다.

③ 동아리 부스별 활동 내용을 확인할 수 있도록 QR 코드를 제시하고 있다.

④ 각 행사를 진행하는 장소를 손가락으로 지시하는 모양의 기호를 활용하여 알려 주고 있다.

⑤ 동아리 부스 행사에 참여하는 동아리를 활동 유형에 따라 구분하여 제시하고 있다.

▶ 2025학년도 〈대학수학능력시험〉 출제

○ 매체의 활용 양상에 대해 물어본다.

심지어 암기 위주로 진행이 되어야 한다고 생각하기 쉬운 '문법'도, 암기 이전에 주어진 개념에 대한 이해가 선행되어야 합니다. 암기만으로 문법을 완벽하게 공부한다는 것은 불가능합니다.

---

**13.** <보기>를 바탕으로 탐구한 내용으로 적절하지 <u>않은</u> 것은?

<보 기>

○ 동사와 형용사의 특징
  ▸ 동사는 선어말 어미 '-는-/-ㄴ-'의 결합으로, 형용사는 기본형으로 현재 시제를 나타냄.
  ▸ 관형사형 어미 '-(으)ㄴ'이 결합했을 때, 동사는 과거 시제를 나타내지만, 형용사는 현재 시제를 나타냄.

① '감이 떫다.'에서는 기본형으로 현재 시제를 나타내고 있기 때문에 '떫다'는 형용사이군.
② '책을 읽는다.'에서는 선어말 어미 '-는-'이 결합하여 현재 시제를 나타내고 있기 때문에 '읽다'는 동사이군.
③ '친구와 논다.'에서는 선어말 어미 '-ㄴ-'이 결합하여 현재 시제를 나타내고 있기 때문에 '놀다'는 동사이군.
④ '집에 간 사람'에서는 관형사형 어미 '-(으)ㄴ'이 결합하여 과거 시제를 나타내고 있기 때문에 '가다'는 동사이군.
⑤ '우리가 이긴 시함'에서는 관형사형 어미 '-(으)ㄴ'이 결합하여 현재 시제를 나타내고 있기 때문에 '이기다'는 형용사이군.

▶ 2024년 고1 〈6월 모의고사〉 출제

---

❷ '동사와 형용사의 특징'을 이해하지 못하면
문제에 대한 접근이 사실상 불가능하다.

국어의 각 구성 요소마다 다루고 있는 내용은 모두 다르지만, 전반적으로 내용에 대한 이해를 요구한다는 점은 공통입니다. 앞에서 살펴본 문제들이 어떤 내용을 물어보고 있는지를 한번 생각해 본다면 바로 깨달을 수 있지요.

그래서 〈국어〉 과목을 공부할 때는 '지금 공부하는 것에서 이해하길 원하는 내용이 무엇일까?' 하는 질문을 끊임없이 해보는 것이 중요합니다. 문학, 비문학, 화법, 작문, 매체, 문법에서 모두, 또는 같은 문학이라도 소설과 시에서 이해를 요구하는 내용은 저마다 다릅니다. 그래서 그 내용을 바로 파악하지 못하고 다른 내용을 이해한 채 공부하면, 당연히 학습 효율은 매우 떨어집니다.

예를 들어, 앞에 나온 소설의 줄거리를 묻는 문제를 학습하며 소설의 이야기에 초점을 맞추는 게 아닌, 시를 공부할 때처럼 '전과자', '강단' 등과 같은 단어의 의미에 대해서만 이해하려 한다면 안 된다는 뜻입니다.


정리해 보면, 〈국어〉는 각 구성 요소가 이해하기를 요구하는 구체적인 내용이 저마다 다릅니다. 그렇다면 각 구성 요소가 요구하는 내용을 이해한 뒤에는 어떤 학습을 진행해야 할까요? 구성 요소에 따라서도 다르겠지만, 우선 여러분이 준비할 시험의 종류에 따라 차이가 있습니다. 즉 내신을 위한 '학교 시험'과 '수능'이라는 두 가지 결이 다른 시험에 따라 나뉘는 것이지요.

먼저 내신의 관점에서 살펴보겠습니다. 내신 국어에서 문학과 비문학은 각 작품에서 이해한 내용 '그대로'에 대한 암기가, 문법은 위에서 살펴본 문제의 '품사로서 갖는 특징'을 비롯한 문법 개념들에 대한 암기가 필요합니다. 화법, 작문, 매체에서는 각각이 다루고 있는 내용에 대한 암기가 요구됩니다.

지금부터 위에서 다루었던 지문들과 자료들을 활용한 문제를 살펴봅시다. 이 문제를 접할 때 여러분은 '어떤 내용을 암기한다면 이 문제들을 더 빠르고 정확하게 풀 수 있을까?'에 집중하기 바랍니다.

〈장석남의 「배를 밀며」의 내신형 문제〉

**문제 1. 시에서 '배를 민다'라는 표현이 의미하는 바를 가장 적절하게 해석한 것은?**
　① 인생의 출발을 준비하는 과정
　② 배를 바다에 띄우는 단순한 행위
　③ 과거로 돌아가는 과정
　④ 무거운 짐을 나르는 노동
　⑤ 자연을 감상하는 여유로운 태도

**문제 2. '순간 확연히 손을 허공으로부터 거두다'라는 구절에서 '손'이 의미하는 바를 가장 적절하게 해석한 것은?**
　① 작별과 단념의 의미
　② 단순한 신체적 움직임
　③ 무언가를 움켜쥐려는 의지
　④ 바람을 가르는 행위

⑤ 힘을 모아 배를 더 밀어내려는 노력

**문제 3. 시에서 '배를 한참 세계 바깥까지' 밀어내는 행위가 상징하는 것은?**
① 현실에서 벗어나고 싶은 욕망
② 사랑하는 사람을 떠나보내는 아쉬움
③ 희망을 향한 적극적인 도전
④ 삶의 의미를 찾는 과정
⑤ 타인을 돕는 봉사 정신

▶ 2025학년도 〈대학수학능력시험〉

위의 문제들은 각 시어 또는 구절이 가진 의미에 대해 물어보고 있습니다. 이 문제를 풀 때는 시를 처음부터 끝까지 읽으며, 시어의 의미와 시의 전반적인 분위기를 먼저 파악합니다. 이로부터 다시 화자가 처한 상황을 이해한 후 문제에 접근하는 것과 처음부터 시어의 의미와 시의 전반적인 분위기를 외운 채 문제에 접근하는 것에는 많은 시간 차이가 발생합니다.

〈전상국의 「달평 씨의 두 번째 죽음」의 내신형 문제〉

**문제 1: 달평 씨가 처음으로 맞이한 죽음의 원인은 무엇인가?**
① 대중의 관심을 받게 되면서 본래의 모습을 잃어버림
② 부인의 반대에 부딪힘
③ 신문 기자들에게 잘못된 정보가 전달됨
④ 식당 경영의 어려움
⑤ 자녀들의 반항

**문제 2: 달평 씨가 자신이 저지른 악행을 공개한 이유는 무엇인가?**

①대중의 관심을 다시 끌기 위해

②자신의 죄책감을 덜기 위해

③부인을 보호하기 위해

④자녀들에게 진실을 알리기 위해

⑤새로운 사업 기회를 얻기 위해

**문제 3: 달평 씨의 자녀들이 아버지에게 반발한 이유는 무엇인가?**

①아버지의 비극적인 과거를 숨기기 위해

②아버지의 행동이 가족에게 피해를 줄까 걱정하여

③아버지가 자신의 출생에 대한 진실을 털어놓았기 때문에

④아버지가 식당을 운영하는 방식이 마음에 들지 않아

⑤아버지의 성격이 변한 것에 대해 불만이 많아서

▶ 2024년 고1 〈3월 모의고사〉

위 문제들은 이야기가 어떻게 진행되는지, 또 각 등장인물 간 발생한 사건들이 어떤 양상을 가지고 있는지에 대해 물어보고 있습니다. 이 문제를 풀 때 이야기가 다루고 있는 내용을 미리 다 암기한 채로 접근하는 것과 처음부터 끝까지 소설을 읽으며 이야기를 파악한 후 접근하는 것 역시 많은 시간 차이가 생깁니다.

〈큐비즘 관련 비문학 지문의 내신형 문제〉

**문제 1: 큐비즘이 기존의 전통 회화와 어떻게 다른지 설명하시오. 큐비즘의 목표와 기법을 포함하여 서술하시오.**

**답안 예시:** 큐비즘은 전통 회화가 사실적 재현에 집중했던 것과 달리, 대상의 본질을 구현하는 것을 목표로 삼았다. 이를 위해 큐비즘은 대상을 단순화하여 기하학적 형태로 표현하고, 세부적 묘사를 배제하였다. 또한, 원근법을 거부하고 다중 시점을 적용하여 대상을 여러 시점에서 관찰한 형태를 한 화면에 담았다. 이러한 접근은 관람자에게 새로운 미적 인식을 환기시키고, 사실적 재현에서 벗어난 새로운 회화 양식을 탄생시켰다.

**문제 2: 분석적 큐비즘과 종합적 큐비즘의 차이점을 설명하고, 각각의 특징적인 기법을 예를 들어 서술하시오.**

**답안 예시:** 분석적 큐비즘은 대상을 여러 시점에서 해체하여 작은 격자 형태로 쪼개어 표현하였고, 색채는 무채색으로 한정되어 대상의 부피감이 사라지는 경향이 있었다. 반면, 종합적 큐비즘은 실제 대상이나 그 특성을 잘 드러내는 재료를 화면에 끌어들여 대상을 표현하는 방법이다.

종합적 큐비즘의 대표적인 기법은 '파피에 콜레'로, 이는 신문이나 벽지와 같은 실제 종이를 오려 붙여 대상의 특성을 표현하는 방식이다. 이러한 기법을 통해 색채와 질감이 다시 살아나며, 큐비즘은 대상의 근원적 형태를 구현하기 위해 새로운 표현 방법을 모색하였다.

▶ 2024년 고1 〈3월 모의고사〉


또한 내신에서는 위와 같은 서술형 문제도 출제됩니다. 그리고 대부분 글에서 다루어지는 내용의 숙달 정도를 물어보는 형태로 출제됩니다. 이 문제도 역시 글쓴이의 설명 모두를 암기하고 풀이를 시작하는 것과, 그렇지 않은 채로 비문학을 하나하나 읽으며 두 가지 모두를 파악한 뒤 풀이를 시작하는 것 간에는 많은 차이가 있습니다.

〈드론 관련 담화 상황의 내신형 문제〉

**문제 1:** 최대이륙중량이 250g을 초과하는 소형 드론에 대한 규정에서, 드론 실명제 적용의 필요성에 대한 주장의 핵심은 무엇인가?

   ① 드론 사용자가 반드시 신고해야 한다는 점

   ② 드론이 학교 내에서만 사용될 수 있다는 점

   ③ 드론이 다른 사람에게 피해를 줄 가능성이 있다는 점

   ④ 드론의 종류에 따라 규제가 다르다는 점

   ⑤ 드론 실명제가 모든 드론에 적용된다는 점

**문제 2:** 드론 실명제의 필요성에 대한 반대 의견에서 언급된 주장의 핵심은 무엇인가?

   ① 드론 사용자가 안전사고를 유발할 가능성이 높다는 점

   ② 드론 실명제가 모든 드론에 적용되는 것이 바람직하다는 점

   ③ 2kg 이하의 소형 드론은 조사가 필요 없다는 점

   ④ 드론 사용자의 신고 의무가 불필요하다는 점

   ⑤ 드론 실명제 시행 시 사용자의 부담이 증가한다는 점

▶ 2024년 고1 〈9월 모의고사〉


〈청소년 눈 건강 관련 작문 상황의 내신형 문제〉

**[작문 상황]**

  학교 신문의 기고란에 청소년의 눈 건강과 관련된 글을 쓰려고 함.

**[초고]**

제목 : [A]

문제: 다음은 초고를 읽은 편집부장의 조언이다. 이를 반영하여 [A]를 작성할 때, 가장 적절한 내용을 서술하시오.

조언: 요즘 청소년들의 눈 건강 문제가 심각하다는 것과 당부하는 바가 잘 전달되는 제목으로 쓰는 것이 좋겠다.

▶ 2024년 고1 〈9월 모의고사〉

〈○○고 찬별빛제 관련 매체에 대한 내신형 문제〉

**문제 1: 2024학년도 ○○고 찬별빛제에서 동아리 부스와 관련하여, 다음 중 잘못된 내용은 무엇인가?**

① 동아리 부스는 강당에서 운영된다.

② 동아리 부스 운영 시간은 09:00부터 12:00까지이다.

③ 동아리 부스에서는 작품 전시가 이루어진다.

④ 동아리 부스는 오후에 운영된다.

⑤ 동아리 부스는 독서와 신문 동아리 관련 활동을 포함한다.

▶ 2025학년도 〈대학수학능력시험〉

〈동사와 형용사를 활용한 내신형 문제〉

**문제: 다음 중 동사와 형용사의 특징을 잘 설명한 것은 무엇인가?**

① 동사는 주어의 동작이나 상태를 나타내며, 기본형은 현재 시제를 나타낸다.

② 형용사는 사물의 성질이나 상태를 나타내며, 주로 '-다'로 끝난다.

③ 동사는 과거 시제를 나타낼 때 '-았/었-'의 결합형을 사용한다.

④ 형용사는 주어와 목적어를 연결하는 역할을 하며, 명사와 함께 사용

된다.
　⑤ 동사는 명사와 결합하여 주어를 형성할 수 있다.

지금까지 제시한 문제들 모두 해당 내용을 암기하는 것과 암기하지 않는 상태의 차이는 큽니다. 문제를 푸는 소요 시간뿐만이 아닌 정확한 이해도도 달라지기 때문입니다. 때로는 앞의 문법 문제처럼 개념을 암기하지 않으면 아예 문제를 풀 수 없는 경우도 생깁니다. 즉 '동사'와 '형용사'라는 개념을 모르면, 해당 문제는 아예 접근할 수가 없지요.

이렇듯 내신에서 국어는 기본적으로 이해를 바탕으로 하지만, 적어도 지문이 미리 주어지는 학교 시험에 있어서는 암기하느냐 하지 않느냐에 따라서 큰 차이가 발생합니다.

그러나 현실적으로, 시험 범위에 속한 구성 요소를 모두 암기하는 것은 힘듭니다. 우리가 시험공부를 할 수 있는 시간은 한정되어 있고, 인간의 뇌 역시 암기를 할 수 있는 용량이 대부분 한정되어 있습니다. 그러니 '선택과 집중'을 통해 암기까지 하고 갈 요소와 이해만 하고 갈 요소를 확실히 구분해야 합니다. 그리고 각 요소를 이 두 가지에 따라 구분하는 데는 확실한 기준이 있어야 하지요. 이 기준에 대해서는 뒤쪽에서 좀 더 자세히 다루겠습니다.

한편 '수능'의 관점에서 국어는 기본적으로 '주어진 글을 얼마나 잘 이해했는가'를 평가합니다. 수능이나 모의고사에서 만나는 지문과 자료는 대부분 처음 보는 내용이기 때문에 문법 영역을 제외하면 '외워서 대비하는 공부'가 불가능합니다.

그래서 수능 국어를 준비할 때는 무엇보다 '이해력'과 '독해력'을 기르는 것이 핵심입니다. 문법을 제외한 영역에서 암기에만 의존하는 것은 일시적인 편법에 불과하며, 이런 방식으로 쌓은 실력은 오래가지 않습니다. 결국 수능 국어를 제대로 대비하는 가장 좋은 방법은 문학, 비문학, 화법, 작문, 매체, 문법의 기출 문제를 꾸준히 풀어보며 자신만의 독해 방법을 찾고, 다양한 글을 지속적으로 읽으며 실력을 다지는 것입니다.

---

### 〈장석남의 「배를 밀며」의 수능형 기출 문제〉

**23.** (가)에 대한 이해로 적절하지 <u>않은</u> 것은?

① '아주 추락하지 않을 순간'에 '배'를 밀던 '손'이 '아슬아슬히 배에서 떨어진'다는 것은 이별의 정서적 긴장감을 드러낸다.
② '뵈지도 않는 길'은 '사랑'이 '떠나'는 길이라는 점에서, 이별의 막막한 상황을 공간의 형상으로 드러낸다.
③ '슬픔'을 '밀어내는 것'을 '배'를 밀듯 '한껏 세게 밀어'낸다고 한 것은 이별의 아픔을 떨쳐 내려는 화자의 태도를 드러낸다.
④ '배가 나가'며 생긴 '흉터'가 '잠시 머물다 가라앉'는다는 것은 이별의 슬픔이 잦아든 상태에 있음을 드러낸다.
⑤ '밀려들어' 온 '배'는 '아무 소리 없이' 다시 돌아온 배라는 점에서, 대상과의 재회가 예상대로 이루어짐을 드러낸다.

▶ 2025학년도 〈대학수학능력시험〉

이 문제는 시 속의 각 시어와 구절이 어떤 의미를 가지며, 작품 전체에서 어떤 역할을 하는지를 묻고 있습니다. 다시 말해, 수능 시험에서 이 문제를 만났다고 가정하면, 장석남의 「배를 밀며」라는 시를 처음 접할 가능성이 매우 높습니다. 따라서 처음부터 시를 꼼꼼히 읽으면서 각 시어와 구절의 의미, 그리고 그것이 긍정적인지 부정적인지를 판단하는 과정이 필요합니다.

---

**〈전상국의 「달평 씨의 두 번째 죽음」의 수능형 기출 문제〉**

*26.* 윗글을 이해한 내용으로 가장 적절한 것은?

① 청중들은 달평 씨의 강연을 듣고 나서 심드렁해 했다.
② 달평 씨의 아들딸은 어머니의 발언으로 인해 아버지를 이해하게 되었다.
③ 종업원들은 달평 씨에게 경제적 어려움을 호소하며 도움을 요청했다.
④ 달평 씨는 A 주간 신문 기자를 만나 새로운 선행을 알릴 수 있었다.
⑤ 달평 씨의 부인은 어려워진 식당 운영에 대해 화를 내는 남편에게 맞서 대들지 않았다.

▶ 2025학년도 〈대학수학능력시험〉

---

이 문제는 이야기의 전개 과정을 이해했는지를 묻고 있습니다. 마찬가지로, 수능 시험에서 전상국의 「달평 씨의 두 번째 죽음」을 처음 접하게 될 가능성이 높으니, 지문을 처음부터 끝까지 직접 읽으며 이야기의 흐름과 전개 방식을 스스로 파악해야 합니다.

▶ 위에서 다루었던 큐비즘 관련 비문학 지문의 수능형 기출 문제

 

수능 시험장에서 위의 두 문제를 맞닥뜨렸다고 생각해봅시다. 큐비즘에 대한 풍부한 사전 지식을 갖추고 있는 학생은 거의 없을 것입니다. 그러니 이는 글쓴이의 설명을 처음부터 끝까지 제대로 이해하고 독해한 것을 확인하는 문제입니다.

〈국어〉 과목에서도 문법은 내신과 수능의 차이가 비교적 적은 영역입니다. 두 시험 모두 문법 문제를 풀기 위해서는 어느 정도의 암기가 필

요하기 때문입니다. 물론 내신에서는 더 세세한 암기가 요구되지만, 수능에서도 기본적인 개념과 규칙은 반드시 외워야 하기에 완전히 벗어날 수 없습니다.

그래서 중요한 것은 '어디까지 암기해야 하는가', '어디까지는 이해로 충분한가'를 구분하는 일입니다. 다시 말해, 선택과 집중을 통해 암기가 필요한 부분과 이해만으로 충분한 부분을 명확히 나눠야 합니다. 이런 자신만의 기준을 미리 세워두면 학습 효율이 크게 높아집니다.

결국 〈국어〉는 뒤에서 살펴볼 영어와 마찬가지로, 내신 대비냐 수능 대비냐에 따라 학습 방향이 완전히 달라집니다. 지금 자신의 목표가 무엇인지(내신 성적 향상인지, 수능 준비인지) 명확히 정한 뒤, 그에 맞는 방식으로 공부하는 것이 가장 현명한 전략입니다.

# <수학> 과목에 대한 이해

수학은 어떤 과목보다도 사고력, 즉 '생각하는 힘'이 성적을 좌우하는 핵심 요소입니다. '수학적 사고력'이라는 표현이 따로 존재할 만큼, 수학에서는 단순한 암기보다 논리적으로 사고하고 문제를 해결하는 능력이 무엇보다 중요합니다.

현재 2015 개정 교육과정에서는 수학(상), 수학(하), 수학Ⅰ, 수학Ⅱ, 미적분, 확률과 통계, 기하의 일곱 과목이 고등 수학의 체계를 이루고 있습니다. 한편 2022 개정 교육과정에서는 공통수학Ⅰ, 공통수학Ⅱ, 대수, 미적분Ⅰ, 확률과 통계의 다섯 과목(공통 과목과 일반 선택 과목만 포함)이 고등 수학의 기본 틀을 구성하고 있습니다.

각 과목이 다루는 내용은 서로 다르지만, 이들을 하나로 묶는 공통된 주제가 있습니다. 바로 '사고력'입니다. '수학은 사고력'이라는 말을 한 번씩은 들어본 적 있을 것입니다.

수학적 사고력은 문제 풀이 과정을 통해 키워집니다. 단 그냥 푸는 게 아닌, '이 문제를 어떻게 풀 것이냐'를 고민하면서 생겨납니다. 단순히 문제의 정답만 맞히는 방식이 아니라, 문제를 분석하고 풀이 과정을 스스로 이해하며, 다양한 접근 방법을 시도하는 연습이 필요합니다. 문제를 푸는 태도와 방식에 따라 사고력의 성장 속도와 깊이는 크게 달라질 수 있으며, 그 '정답'은 결국 각자의 학습 상황과 수준에 따라 달라집니다.

냉정하게 말하면, "이렇게 공부하면 무조건 된다!"라는 식의 일률적인 정답이 수학에는 존재하지 않습니다. 이것이 바로 많은 학생이 수학을 유난히 어렵게 느끼는 이유이기도 합니다.

그래서 여기서는 "수학을 이렇게 공부하라"보다는 "수학은 어떤 과목인가"에 대한 객관적인 이해에 초점을 맞추겠습니다. 결국 공부법의 '정답'이라 할 수 있는 유일한 원칙은 "많은 문제를 풀어보며 자신만의 풀이 과정을 세우는 것"뿐입니다.

앞서 국어 과목에서 내신과 수능의 차이를 살펴봤듯이, 수학은 이 둘의 간극이 가장 적은 과목입니다. 내신과 수능 모두 사고력을 핵심 평가 요소로 삼고 있기 때문에 내신을 준비하며 쌓은 실력은 수능 대비에도 그대로 도움이 됩니다. 반대로 수능·모의고사 기출 문제를 분석하며 공부하는 과정도 내신 대비에 충분히 활용될 수 있습니다. 즉, 수학은 내신과 수능을 따로 나눠 공부할 필요가 없는 과목입니다.

고1·고2 시절 내신 공부를 통해 다져진 수학적 사고력은 고3 이후 수능 대비에 큰 강점이 되고, 반대로 수능 준비 과정에서의 문제 접근 방식은 내신 문제 해결에도 직접적인 도움이 됩니다.

결국 수학 문제를 해결하기 위해서는 논리적인 사고의 흐름을 따라야 합니다. 문제를 읽고 주어진 조건을 해석한 뒤, 그 조건들을 어떤 순서로 적용할지 결정하고, 정해진 순서대로 풀이를 전개하는 과정이 바로 수학 학습의 전부입니다. 이 원리는 쉬운 문제든 어려운 문제든 언제나 똑같이 적용됩니다.

---

**1.** $\sqrt{20} + \sqrt{5}$ 의 값은? [2점]

① $2\sqrt{5}$    ② $3\sqrt{5}$    ③ $4\sqrt{5}$    ④ $5\sqrt{5}$    ⑤ $6\sqrt{5}$

---

▶ 2024년 고1 〈3월 모의고사〉 1번

위 문제는 객관적으로, 난이도가 매우 낮은 문제에 해당합니다

**풀이**

**1.** $\sqrt{20}$ 의 해석($\sqrt{20} = 2\sqrt{5}$ 임을 알아내기)만 있으면 되며, 이것이 이루어진 뒤에는,

**2.** $2\sqrt{5} + \sqrt{5} = 3\sqrt{5}$ 로 '그냥 더하기'의 과정만 거치면 됩니다.

---

**29.** 그림과 같이 양수 $a$에 대하여 꼭짓점이 A$(-3, -a)$이고 점 B$(1, 0)$을 지나는 이차함수 $y = f(x)$의 그래프와 꼭짓점이 C$(3, 3a)$인 이차함수 $y = g(x)$의 그래프가 있다. 점 A에서 $x$축에 내린 수선의 발을 D라 할 때, 사각형 ABCD의 넓이는 16이다. 이차함수 $y = g(x)$의 그래프가 $y$축과 만나는 점이 선분 CD 위에 있을 때, $f(-1) \times g(-3)$의 값을 구하시오. [4점]

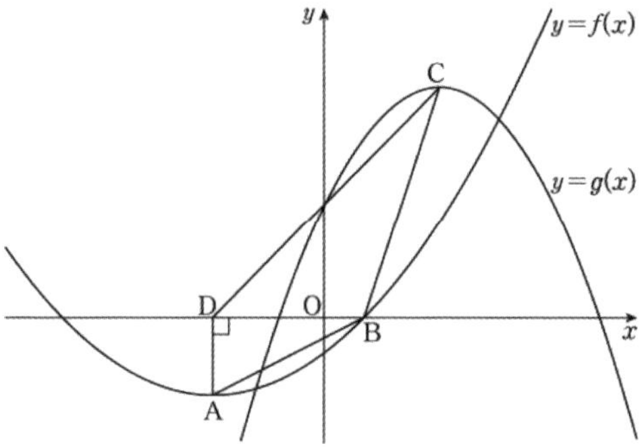

▶ 2024년 고1 〈3월 모의고사〉 29번

---

반면에 이 문제는 난이도가 매우 높은 편에 속합니다. 하지만 앞의 1번 문제와 같이 해결에 있어 '각 조건의 해석', '해석한 조건의 활용 순서 정하기', '순서대로 풀어나가기'의 과정이 필요하다는 사실은 똑같습니다.

풀이

**1.** 사각형 ABCD의 넓이는 16의 해석(BD의 X좌표 차(4)×AC의 y좌표 차(4a)=32)

**2.** 이차함수 y=g(x)의 그래프가 y축과 만나는 점이 선분 CD 위에 있음의 해석(선분 CD의 중점은 (0, a)이니 y=g(x)의 그래프는 해당 점을 지남)과 같이 해석이 이루어진 뒤에는 다음과 같이 풀이합니다.

1) a의 값을 구하기
2) f(x)의 식을 구하기
3) 선분 CD의 중점의 좌표를 구하기
4) g(x)의 식을 구하기
5) f(−1)×g(−3)의 값을 구하기


모든 수학 문제에는 출제 의도가 담겨 있습니다. 그리고 그 의도는 결국 첫째 조건을 해석하고, 둘째 해석한 조건을 어떤 순서로 활용할지 정하며, 셋째 그 순서에 따라 문제를 해결하는 과정에서 크게 벗어나지 않습니다. 그러니 문제를 풀 때마다 이 세 가지 과정을 늘 염두에 두고 고민하는 습관을 들이는 것이 중요합니다.

또한 수학 문제는 단순한 계산이 아니라 '아이디어'를 담고 있습니다. 특히 난이도가 높은 문제일수록 그 아이디어가 문제 해결의 핵심이 됩니다. 어떤 문제는 이 핵심 아이디어를 떠올리는 순간, 복잡하던 풀이가 단숨에 풀리기도 합니다.

흥미로운 점은, 이런 아이디어들이 반복적으로 출제된다는 것입니다. 출제가 가능한 아이디어에는 한계가 있고, '이전에 출제된 아이디어를 충분히 이해하고 있는가?' 하는 게 평가 목적이 되는 경우도 많습니다.

결국 수학에서 실력 향상은 새로운 문제를 마주할 때마다 아이디어를 파악하고, 그것이 어떤 원리에서 비롯된 것인지 체계적으로 정리해 두는 데서 비롯됩니다.

---

**29.** 최고차항의 계수가 음수인 이차다항식 $P(x)$ 가 모든 실수 $x$ 에 대하여

$$\{P(x)+x\}^2 = (x-a)(x+a)(x^2+5)+9$$

를 만족시킨다. $\{P(a)\}^2$ 의 값을 구하시오. (단, $a>0$) [4점]

---

▶ 2018년 고1 〈6월 모의고사〉 29번

위 문제에서 활용된 아이디어는 '좌변이 제곱식이면 우변도 제곱식'이라고 할 수 있습니다. 해당 아이디어를 파악하느냐 또는 파악하지 못하느냐는 위 문제를 풀 수 있느냐 없느냐를 결정합니다.

---

**20.** 모든 실수 $x$ 에 대하여 다항식 $P(x)$ 가

$$\{P(x)+2\}^2 = (x-a)(x-2a)+4$$

를 만족시킬 때, 모든 $P(1)$ 의 값의 합은? (단, $a$ 는 실수이다.)

[4점]

① $-9$　　② $-8$　　③ $-7$　　④ $-6$　　⑤ $-5$

---

▶ 2022년 고1 〈6월 모의고사〉 20번

그리고 그 아이디어는 이번 문제에서도 같은 형태로 적용되었습니다.

앞선 문제에서 '좌변이 제곱식이라면 우변도 제곱식일 가능성이 높다'는 아이디어를 정확히 이해하고 있었던 학생이라면, 이번 문제를 푸는 데 큰 어려움을 겪지 않을 것입니다.

게다가 이 두 문제가 같은 출제 기관에서 나온 점을 고려하면, 단순히 문제 해결 능력뿐 아니라 '이전에 출제된 아이디어를 제대로 학습했는가'를 평가하려는 의도가 있었다는 점도 충분히 추론할 수 있습니다.

이러한 특징은 내신 수학에서 특히 두드러집니다. 물론 모든 과목이 그렇지만, 수학 문제를 완전히 새로 만드는 일은 상당한 시간과 노력이 드는 일인 만큼 교사들에게도 큰 부담이 됩니다. 그래서 많은 학교에서는 내신 시험을 출제할 때 부교재에 실린 문제나 기존 기출 문제를 변형하는 방식을 자주 사용합니다.

앞서 살펴본 2024학년도 고1 〈3월 모의고사〉 29번 문제는 내신 시험에서 다음과 같이 변형되어 출제될 수 있습니다. 실제로 내신 수학에서는 이런 식의 변형 문제를 자주 볼 수 있습니다. 이때 원본 문제의 핵심 아이디어를 미리 학습한 학생과 그렇지 않은 학생은 접근 속도와 이해력에서 큰 차이를 보인다는 것입니다.

---

**문제:** 양수 $b$에 대해 곡선이 $A(-2, -b)$이고 점 $B(2, 1)$을 지나가는 이차함수 $y = f(x)$의 그래프와 곡점이 $C(4, 2b)$인 이차함수 $y = g(x)$의 그래프가 있다. 점 $A$에서 $x$축에 내린 수선의 발을 $D$라 할 때, 사각형 $ABCD$의 넓이는 24이다. 이차함수 $y = g(x)$의 그래프가 $y$축과 만나는 점이 선분 $CD$ 위에 있을 때, $f(2) \times g(2)$의 값을 구하시오. [4점]

▶ 2024년 고1 〈3월 모의고사〉 29번 변형 문제

특히 고난도 문제를 학습할 때, 그 문제에서 사용된 핵심 아이디어를 정리하고 체계화하는 과정은 매우 중요합니다. 이렇게 정리된 아이디어는 이후 비슷한 유형의 문제를 만났을 때 빠르게 대응할 수 있는 큰 무기가 됩니다.

많은 학생이 이런 과정을 '행동 영역'이라는 형태로 정리합니다. '행동 영역'이란, 특정한 조건을 만났을 때 어떤 사고 과정을 거쳐, 어떤 방식으로 접근해야 하는지를 정리한 일종의 대응 매뉴얼입니다. 예를 들어, 앞서 언급한 문제의 경우 다음과 같은 행동 영역을 정리해둘 수 있습니다.

---

### 수학 문제의 행동 영역

**조건 인식:** 좌변이 제곱식 형태로 주어졌다면, 우변도 제곱식일 가능성을 탐색

**전략 수립:** 두 제곱식이 같다는 점을 이용해 항등식 혹은 완전제곱식 구조로 전개

**풀이 전개:** 양변을 전개하거나 인수분해하여 변수 간의 관계를 파악

---

이처럼 문제의 핵심 아이디어를 '행동 영역'으로 정리해 두면, 단순히 문제를 외워서 푸는 공부에서 벗어나 문제를 분석하고 적용하는 사고력 중심의 학습으로 발전할 수 있습니다. 이 과정이 반복될수록 새로운 문제를 만났을 때도 익숙한 사고 패턴을 빠르게 떠올릴 수 있고, 결과적으로

수학적 사고의 깊이와 응용력이 함께 성장하게 됩니다.

---

**29.** 최고차항의 계수가 음수인 이차다항식 $P(x)$ 가 모든 실수 $x$ 에 대하여

$$\{P(x)+x\}^2 = (x-a)(x+a)(x^2+5)+9$$

를 만족시킨다. $\{P(a)\}^2$ 의 값을 구하시오. (단, $a>0$) [4점]

---

▶ 2018년 고1 〈6월 모의고사〉 29번

**'문제에서 주어진 방정식의 좌변이 제곱식이라면(조건),
우변도 제곱식일 가능성을 떠올리기(대응)'**

이해를 돕기 위해 예시를 하나 더 살펴보겠습니다. 이 문제는 고등 수학 개념이 필요한 문제로, 정답률도 9.8%에 불과한 고난도 문항입니다. 지금은 문제를 직접 풀기보다, 여기서 제시하는 사고 과정에 집중해 보기 바랍니다. 즉, 문제를 해결하려는 것보다는 '출제자가 어떤 사고를 기대했는가', '이 사고를 어떤 흐름으로 전개해야 하는가'에 초점을 두면 됩니다.

다음의 방정식에 $x=0$을 대입하면 (제곱식1) + (제곱식2) = 0의 형태가 되고, $x=1$을 대입해도 (제곱식3) + (제곱식4) = 0의 형태가 됩니다.

중등 교육과정에서 다루는 모든 수는 제곱했을 때 음수가 될 수 없기에 위의 식이 성립하려면 제곱식1, 제곱식2, 제곱식3, 제곱식4 모두 0이 되어야 합니다. 만약 어떤 제곱식이라도 0보다 큰 값을 가진다면, 다른 제

**29.** 다항식 $P(x)$ 와 최고차항의 계수가 1인 삼차다항식 $Q(x)$ 가 모든 실수 $x$ 에 대하여

$$\{Q(x+1)\}^2 + \{Q(x)\}^2 = (x^2 - x)P(x)$$

를 만족시킨다. $P(x)$ 를 $Q(x)$ 로 나눈 나머지를 $R(x)$ 라 할 때, $R(3)$ 의 값을 구하시오. (단, 다항식 $Q(x)$ 의 계수는 실수이다.) [4점]

▶ 2021년 고1 〈9월 모의고사〉 29번

곱식을 더하더라도 결코 0이 될 수 없기 때문이지요. 여기서 하나의 행동 영역을 도출할 수 있습니다.

> '제곱식 + 제곱식 = 0의 형태가 주어진다면(조건),
> 두 제곱식의 값은 모두 0임을 즉시 떠올리기(반응)'

　　이런 식으로 문제 속에서 발견한 행동 영역들을 하나씩 정리해둡니다. 잊지 않도록 노트에 직접 기록하거나, 유형별로 정리하면 나중에 비슷한 문제를 만났을 때 훨씬 빠르게 떠올릴 수 있습니다. 결국 이것이 바로 '자신만의 풀이 방법'을 구축하는 과정이며, 사고력을 체계화하는 효과적인 학습 방식입니다.

　　행동 영역의 형태는 제가 앞에 제시한 형태를 꼭 따를 필요는 없습니다. 사람마다 알맞은 수학 공부 방식은 저마다 다를 것이고, 그렇기에 누

군가에게는 정답인 것이, 누군가에게는 정답이 아닐 수 있기 때문입니다. 다만 '자신에게 정답인 지점'을 '행동 영역'으로 찾아, 따로 기록해 두는 것이 필요합니다. 그리고 그렇게 기록한 뒤에는 여러 번 복습을 진행함으로써, 잊어버리지 않도록 하면 됩니다. 하지만 모든 문제를 스스로 힘으로 풀 수 있는 것은 아니기에, 보통은 문제를 풀다가 막히면 결국 해설지를 참고합니다. 그런데 여기서 꼭 기억해야 할 중요한 점이 있습니다.

"절대로, 정말 절대로 해설지를 '외우지' 마세요!"

해설지를 그대로 외우는 수학 공부법은 가장 안 좋은 방식입니다. 시험에서 만나는 문제가 이전에 풀었던 문제와 완전히 동일하다면 해설을 외워두는 것이 도움이 될 수 있겠지만, 그런 일은 현실적으로 거의 일어나지 않습니다. 그러니 해설을 단순히 암기하는 것은 아무런 의미가 없습니다.

해설지는 '답을 외우는 도구'가 아니라, '사고 과정을 참고하고 익히는 자료'로 활용해야 합니다. 즉, 왜 그런 식의 풀이가 가능한지, 어떤 사고 흐름으로 접근했는지를 이해하는 것이 진짜 수학 공부입니다. 그래서 답을 찾는 방안으로서 해설지를 활용해야 하며, 구체적으로는 해설지를 통해 다음 세 가지를 점검해야 합니다.

| **1** | **2** | **3** |
| 조건의 해석 | 조건의 활용 순서 정하기 | 순서대로 풀어 나가기 |
| 문제에서 어떤 조건이 주어졌는가? | 조건들을 어떤 순서로 사용해야 하는가? | 순서를 실제 풀이 과정에 어떻게 적용했는가? |

앞에서 살펴본 2024년 고1 〈3월 모의고사〉 29번 문제를 다시 한번 살펴보겠습니다.

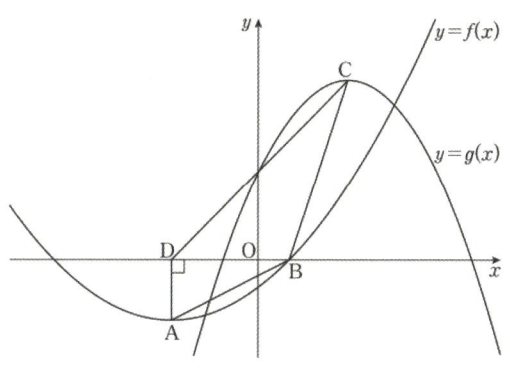

**29.** 그림과 같이 양수 $a$에 대하여 꼭짓점이 A($-3$, $-a$)이고 점 B(1, 0)을 지나는 이차함수 $y=f(x)$의 그래프와 꼭짓점이 C(3, 3$a$)인 이차함수 $y=g(x)$의 그래프가 있다. 점 A에서 $x$축에 내린 수선의 발을 D라 할 때, 사각형 ABCD의 넓이는 16이다. 이차함수 $y=g(x)$의 그래프가 $y$축과 만나는 점이 선분 CD 위에 있을 때, $f(-1)\times g(-3)$의 값을 구하시오. [4점]

▶ 2024년 고1 〈3월 모의고사〉 29번

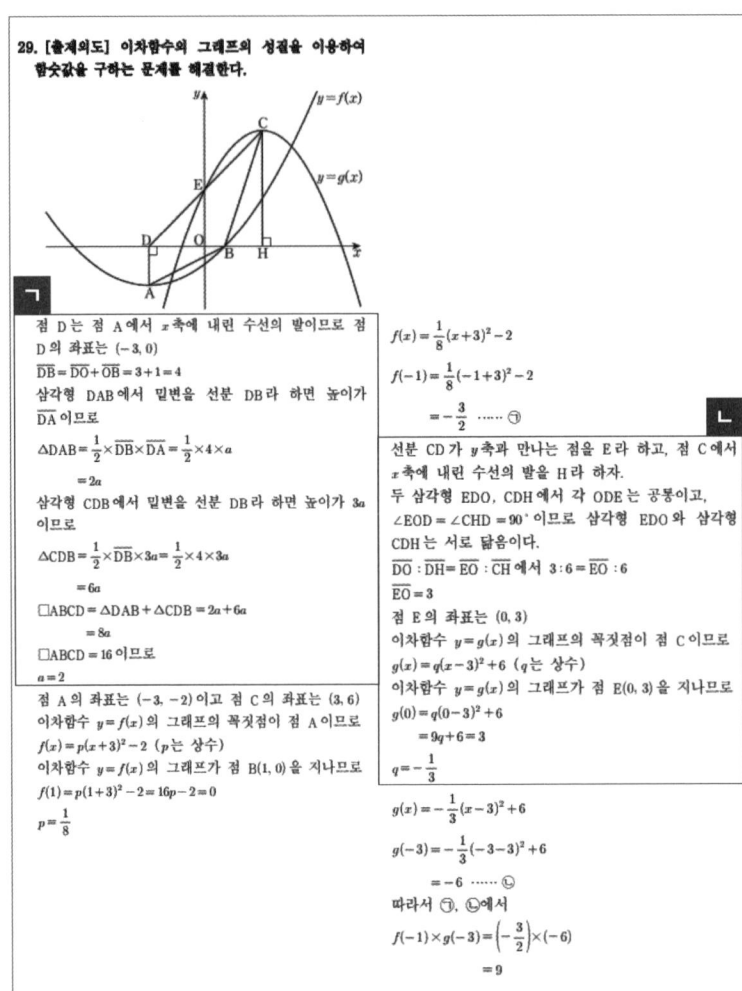

**29. [출제의도]** 이차함수의 그래프의 성질을 이용하여 함숫값을 구하는 문제를 해결한다.

ㄱ

점 D는 점 A에서 $x$축에 내린 수선의 발이므로 점 D의 좌표는 $(-3, 0)$

$\overline{DB} = \overline{DO} + \overline{OB} = 3 + 1 = 4$

삼각형 DAB에서 밑변을 선분 DB라 하면 높이가 $\overline{DA}$ 이므로

$\triangle DAB = \frac{1}{2} \times \overline{DB} \times \overline{DA} = \frac{1}{2} \times 4 \times a$
$= 2a$

삼각형 CDB에서 밑변을 선분 DB라 하면 높이가 $3a$ 이므로

$\triangle CDB = \frac{1}{2} \times \overline{DB} \times 3a = \frac{1}{2} \times 4 \times 3a$
$= 6a$

$\square ABCD = \triangle DAB + \triangle CDB = 2a + 6a$
$= 8a$

$\square ABCD = 16$ 이므로
$a = 2$

점 A의 좌표는 $(-3, -2)$이고 점 C의 좌표는 $(3, 6)$

이차함수 $y = f(x)$의 그래프의 꼭짓점이 점 A이므로
$f(x) = p(x+3)^2 - 2$ ($p$는 상수)

이차함수 $y = f(x)$의 그래프가 점 B(1, 0)을 지나므로
$f(1) = p(1+3)^2 - 2 = 16p - 2 = 0$
$p = \frac{1}{8}$

$f(x) = \frac{1}{8}(x+3)^2 - 2$

$f(-1) = \frac{1}{8}(-1+3)^2 - 2$
$= -\frac{3}{2}$ ...... ㉠

ㄴ

선분 CD가 $y$축과 만나는 점을 E라 하고, 점 C에서 $x$축에 내린 수선의 발을 H라 하자.

두 삼각형 EDO, CDH에서 각 ODE는 공통이고, $\angle EOD = \angle CHD = 90°$ 이므로 삼각형 EDO와 삼각형 CDH는 서로 닮음이다.

$\overline{DO} : \overline{DH} = \overline{EO} : \overline{CH}$ 에서 $3 : 6 = \overline{EO} : 6$

$\overline{EO} = 3$

점 E의 좌표는 $(0, 3)$

이차함수 $y = g(x)$의 그래프의 꼭짓점이 점 C이므로
$g(x) = q(x-3)^2 + 6$ ($q$는 상수)

이차함수 $y = g(x)$의 그래프가 점 E(0, 3)을 지나므로
$g(0) = q(0-3)^2 + 6$
$= 9q + 6 = 3$
$q = -\frac{1}{3}$

$g(x) = -\frac{1}{3}(x-3)^2 + 6$

$g(-3) = -\frac{1}{3}(-3-3)^2 + 6$
$= -6$ ...... ㉡

따라서 ㉠, ㉡에서
$f(-1) \times g(-3) = \left(-\frac{3}{2}\right) \times (-6)$
$= 9$

해당 문제의 해설지를 살펴보면, 위에서 제시했던 각 조건의 해석과 활용 순서를 그대로 따르고 있음을 알 수 있습니다.

**1.** 사각형 ABCD의 넓이는 16의 해석(BD의 x좌표 차(4)×AC의 y좌표 차 (4a)=32)은 (ㄱ)에서 확인할 수 있습니다.

**2.** 이차함수 y=g($x$)의 그래프가 y축과 만나는 점이 선분 CD 위에 있음의 해석(선분 CD의 중점은 (0, a)이니 y=g($x$)의 그래프는 해당 점을 지남)은 (ㄴ)에서 확인할 수 있습니다.

**3.** 나머지 과정은 해당 해석이 모두 이루어졌다는 전제하에 다음의 방향을 따릅니다.

1. a의 값을 구하기
2. f($x$)의 식을 구하기
3. 선분 CD의 중점의 좌표를 구하기
4. g($x$)의 식을 구하기
5. f(–1)×g(–3)의 값을 구하기

해설을 보며 '왜 이렇게 문제를 풀어야만 하는가'를 이해하게 된다면 여러분의 수학적 사고력은 한 발짝 더 앞으로 나아갈 것입니다.

제 공부법을 이야기하자면, 저는 해설지를 본 뒤, 해설지와 다른 방법으로 문제를 풀고자 시도했습니다. 문제를 풀지 못했다는 것은 처음에 떠올린 방법이 적절하지 않은 방법이라는 이야기입니다. 그래서 처음 떠올렸던 방법이 왜 적합하지 않은지에 대한 이유를 찾았고, 해당 이유를 찾은 순간 해설지의 방법이 왜 적합한 방법인지까지 따져보았습니다.

물론 이 방식 외에도 여러 방법이 있습니다. 방식보다 중요한 요점은 수학 공부를 하며 해설지를 볼 때 '외우는' 것이 아닌, 문제를 푸는 방식에 대한 이해를 갖추어야 한다는 점입니다.

수학은 결국 '사고력'의 싸움입니다. 그 사고력을 기르는 방법 중에는 필수적으로 거쳐야 하는 많은 문제 풀이의 과정도 있을 것입니다. 이 글을 바탕으로 하여 여러분만의 문제 풀이 방법을 확립해, 시험날 원하는 성적을 거둘 수 있게 되기를 응원합니다.

# &lt;영어&gt; 과목에 대한 이해

〈영어〉는 크게 '어휘, 문법, 독해, 문제 풀이' 총 네 가지 요소로 구성됩니다. 그리고 이 네 가지 요소의 위계는 다음과 같습니다.

어휘&문법 → 독해 → 문제 풀이

여기서 말하는 문법은 문제 풀이만을 위한 문법이 아닌, 독해의 기초가 되는 문법입니다. 어휘와 문법이 가장 기초, 그 상위 과정이 독해, 최상위의 과정이 문제 풀이라고 여기며, 이들의 상호 연관성은 매우 강한 편입니다.

〈국어〉 과목을 예로 들면, 어떤 학생이 문학 영역에서 약하다고 해서 비문학이나 문법, 화법 영역에서도 같은 약점을 보인다고 단정할 수는 없습니다. 수학 역시 마찬가지입니다. 수학(상)에서 어려움을 겪었다고 해서 반드시 수학(하)에서도 똑같이 어려움을 겪는 것은 아닙니다.

하지만 영어는 조금 다릅니다. 어휘나 문법에서 약점을 보이면, 이는 곧 독해력 저하로 이어지고, 독해력이 약해지면 결국 문제 풀이 전반에도 영향을 미칩니다. 그래서 영어에서 한 가지 요소에 뚜렷한 약점이 있다면, 다른 영역의 실력을 끌어올리는 데에도 한계가 생길 수밖에 없습니다. 이런 구조적인 이유로, 영어 학습에서는 자신의 약점을 정확히 파악하고 이를 보완하는 과정이 무엇보다 중요합니다. 즉, 영어는 단순히 많은 문제를 푸는 과목이 아니라, 요소 간의 균형을 맞추는 과목이라고 할 수 있습니다.

이번 글에서는 먼저 영어 학습의 네 가지 요소 간 순서와 연결 관계를 살펴본 뒤, 실제 시험에서 문제가 어떻게 출제되는지를 내신과 수능으로 나누어 분석하겠습니다. 그다음에는 실제 문제를 풀어보며 약점을 진단하고 보완하는 방법을 구체적으로 알아보겠습니다.

영어 공부는 '어휘&문법 → 독해 → 문제 풀이'의 공부 순서를 따라야 합니다. 만약 여러분이 기본적인 어휘력조차 부족하다면, 그 어떤 영역보다도 먼저 어휘 학습에 집중해야 합니다. 어휘력이 충분히 뒷받침되지 않으면 문법이나 독해 학습 모두 제대로 이루어질 수 없기 때문입니다. 어휘와 문법은 모두 독해 학습에 앞서 반드시 선행되어야 할 기본 요소입니다.

만약 최소한의(일반적으로 초등학교 수준) 어휘 지식이 갖추어져 있다면, 그 이상은 어휘 학습과 문법 학습을 병행합니다. 문법 학습에서는 흔히 말하는 '기초' 수준의 학습을 진행합니다. 내신에 고난도로 등장하는 수준의 문법 학습은 아직 시기상조입니다. 대략 중등 1~2학년 수준의 어휘 학습과 독해만을 위한 기초 문법 학습을 먼저 마무리합니다. 그런 후에는 독해 학습을 할 차례입니다.

독해 학습이란 '구문 독해' 또는 '문장 독해'라고 불립니다. 구문 독해를 다루고 있는 자습서나 인터넷 강의를 활용한 학습이 가장 효율적인 방안입니다. 이 과정을 통해 이전에 진행했던 기초 문법 학습은 자동으로 복습이 됩니다. 그러나 더 높은 단계의 어휘 학습을 꾸준히 이어나가야 하니, 독해 학습과 함께 병행해 나갑니다.

'구문 독해' 또는 '문장 독해'를 다루는 자습서 또는 인터넷 강의에 대한 학습이 마무리되면, 문제 풀이를 시작합니다. 여기서 말하는 문제 풀이는 어디까지나 '수능형 문제'를 뜻합니다. 그 이유는 〈영어〉 과목은 내신과 수능 간 출제 형태가 다르기 때문입니다. 독해 학습이 마무리되었다고 해서 곧바로 고등 기출 문제에 접근하는 것보다는, 인터넷 강의를 통해 유형별 문제 풀이법을 익힌 뒤 실제 문제를 풀어봅니다. 수능 영어에는 일련의 유형이 있고, 유형마다 해결하기 위해 필요한 사고 과정은 제각기 다릅니다.

〈영어〉 과목에는 다른 과목과 달리 '듣기 평가'라는 독특한 요소가 존재합니다. 내신에서는 듣기 문항이 포함되지 않는 경우가 많지만, 수능에서는 총 17문항이 듣기 영역으로 출제됩니다. 이를 대비하는 방법은 두 가지가 있습니다.

첫째, 보통 많이 쓰는 방법으로, 듣기 문제집으로 연습합니다. 둘째, 유튜브나 영어 팟캐스트 같은 콘텐츠를 활용해 일상에서 자연스럽게 영어 듣기 능력을 키웁니다. 둘째 방법은 공부가 아니라고 생각할 수 있지만, 실제로 이 또한 듣기 실력을 향상시키는 데 큰 도움이 됩니다. 꾸준히 영어를 듣는 습관은 언어 감각을 키우고, 결과적으로 시험에서 더 정확하고 빠르게 듣기 내용을 이해하도록 합니다.

지금까지는 모두 영어 공부의 기초가 부족한 학생들을 위한 이야기입니다. 만약 여러분이 어느 정도 수준을 갖추었다고 생각된다면, 우선 고등 기출 문제를 풀기 시작합니다. 그 과정을 통해 드러나는 어휘와 문법, 독해와 문제 풀이에서의 약점을 그때그때 보완하는 방식으로 학습하면 됩니다.

지금까지의 독해 이후의 영어 학습 관련 조언들은 전부 수능/모의고사 영어에 해당하는 사항입니다. 영어라는 과목은 내신 문제 출제 양상과 수능 문제 출제 양상 간에 어마어마한 괴리가 있기 때문입니다. 지금부터 수능/모의고사에서 영어가 출제되는 양상과 내신에서 영어가 출제되는 양상을 직접 예시를 통해 비교해보겠습니다.

---

**24.** 다음 글의 제목으로 가장 적절한 것은?

Working around the whole painting, rather than concentrating on one area at a time, will mean you can stop at any point and the painting can be considered "finished." Artists often find it difficult to know when to stop painting, and it can be tempting to keep on adding more to your work. It is important to take a few steps back from the painting from time to time to assess your progress. Putting too much into a painting can spoil its impact and leave it looking overworked. If you find yourself struggling to decide whether you have finished, take a break and come back to it later with fresh eyes. Then you can decide whether any areas of your painting would benefit from further refinement.

\* tempting: 유혹하는　\*\* refinement: 정교하게 꾸밈

① Drawing Inspiration from Diverse Artists
② Don't Spoil Your Painting by Leaving It Incomplete
③ Art Interpretation: Discover Meanings in a Painting
④ Do Not Put Down Your Brush: The More, the Better
⑤ Avoid Overwork and Find the Right Moment to Finish

▶ 2024년 고1 〈3월 모의고사〉 24번

---

**31.** Every species has certain climatic requirements — what degree of heat or cold it can endure, for example. When the climate changes, the places that satisfy those requirements change, too. Species are forced to follow. All creatures are capable of some degree of _____. Even creatures that appear immobile, like trees and barnacles, are capable of dispersal at some stage of their life — as a seed, in the case of the tree, or as a larva, in the case of the barnacle.

▶ 2024년 고1 〈3월 모의고사〉 31번 ①

A creature must get from the place it is born — often occupied by its parent — to a place where it can survive, grow, and reproduce. From fossils, scientists know that even creatures like trees moved with surprising speed during past periods of climate change.

\* barnacle: 따개비  \*\* dispersal: 분산
\*\*\* fossil: 화석

① endurance
② movement
③ development
④ transformation
⑤ communication

▶ 2024년 고1 〈3월 모의고사〉 31번 ②

---

### 39.

> Environmental factors can also determine how the animal will respond during the treatment.

No two animals are alike. ( ① ) Animals from the same litter will display some of the same features, but will not be exactly the same as each other; therefore, they may not respond in entirely the same way during a healing session. ( ② ) For instance, a cat in a rescue center will respond very differently than a cat within a domestic home environment. ( ③ ) In addition, animals that experience healing for physical illness will react differently than those accepting healing for emotional confusion. ( ④ ) With this in mind, every healing session needs to be explored differently, and each healing treatment should be adjusted to suit the specific needs of the animal. ( ⑤ ) You will learn as you go; healing is a constant learning process.

\* litter: (한 배에서 태어난) 새끼들

▶ 2024년 고1 〈3월 모의고사〉 39번

앞의 세 문제는 실제 모의고사에 출제된 기출 문제들입니다. 이런 문제를 해결하기 위해서는 우선 전체 내용을 정확히 독해하는 것, 그리고 그 이해를 바탕으로 논리적으로 문제를 푸는 과정이 핵심입니다. 즉, 암기는 단어를 외울 때만 쓰이고, 그 외의 부분에서는 이해력과 사고력이 훨씬 더 중요함을 알 수 있습니다.

수능과는 달리 내신 영어는 학교 교과서와 부교재를 중심으로 출제되기 때문에 지문 내용의 세부 이해, 핵심 문법 및 표현 암기, 서술형 문항 대비가 필요합니다. 이러한 내신 영어의 출제 형태와 특징을 구체적으로 살펴보겠습니다.

---

**문제: 다음 글에서 빈칸에 들어갈 가장 적절한 단어를 고르시오.**

"Working around the whole painting, rather than concentrating on one area at a time, will mean you can stop at any point and the painting can be considered 'finished'. Artists often find it difficult to know when to stop painting, and it can be ____ to keep on adding more to your work. It is important to take a few steps back from the painting from time to time to assess your progress. Putting too much into a painting can spoil its impact and leave it looking overworked. If you find yourself struggling to decide whether you have finished, take a break and come back to it later with fresh eyes. Then you can decide whether any areas of your painting would benefit from further refinement."

① tempting
② simple
③ confusing

④ frustrating

⑤ unnecessary

**문제: 다음 글에서 빈칸에 해당하는 문장을 주어진 한글 뜻을 활용하여 영어로 영작하시오.**

"Working around the whole painting, rather than concentrating on one area at a time, will mean you can stop at any point and the painting can be considered 'finished'. ___ It is important to take a few steps back from the painting from time to time to assess your progress. Putting too much into a painting can spoil its impact and leave it looking overworked. If you find yourself struggling to decide whether you have finished, take a break and come back to it later with fresh eyes. Then you can decide whether any areas of your painting would benefit from further refinement."

주어진 문장 한글 뜻:
"예술가들은 그림을 그릴 때 작업을 중단할 시기를 아는 것이 어렵고, 더 많은 것을 추가하는 것이 유혹적일 수 있다."

▶ 2024년 고1 〈3월 모의고사〉 24번의 내신형 문항 2개

첫 번째 문제는 수능/모의고사와 유사한 객관식 문제입니다. 겉으로 보았을 때는, 해당 지문에 대한 사전 지식 없이도 풀 수 있을 것처럼 보입니다. 그러나 실제로, 해당 문제들은 수능/모의고사와 비교했을 때 비교도 되지 않을 만큼 조악합니다. 문제의 기반이 되는 논리 체계 자체가 매우 빈약한 경우가 많아서, 독해를 바탕으로 문제에 접근한다면 실력이 아닌 문제의 수준에 의해 오답을 고르기가 쉽습니다.

이런 문제들을 대비하는 여러 가지 방법 중 가장 확실하고 많은 학생이 선택하는 방법은 그냥 통으로 암기하는 방식입니다. 가장 속이 편하면서, 또 오답률도 낮습니다. 앞에서 수능/모의고사 문제에 암기의 요소는 사실상 없다고 말했습니다. 하지만 내신 문제들은 형태가 유사함에도 암기가 거의 필수적입니다.

학생들이 영어 내신을 공부할 때 지문을 통째로 외워버리는 이유가 두 번째 문제와 같은 서술형 문제 때문이라고 봐도 과언이 아닙니다. '그냥 한글 해석 보고 영작하면 되는 것 아니야?'라고 편하게 생각할 수도 있지만, 서술형 채점은 생각보다 만만치 않습니다. 문법적인 오류 하나라도 있으면 감점되는 일이 다반사이며, 오류 없이 완벽한 영작으로 제출했어도 원본 지문과 다르면 점수가 깎이는 경우도 있습니다. 그래서 내신 영어는, '암기'에서 시작해서 '암기'로 끝나기 마련입니다.

그러니 내신 영어를 준비할 때와 수능 영어를 준비할 때는 전혀 다른 태도로 접근해야 합니다. 내신 영어를 공부할 때는 지문을 통째로 외워버리겠다는 마음가짐으로 임해야 합니다. 교과서나 부교재의 문장, 표현, 문법 포인트를 완벽히 익혀야 좋은 성적을 받을 수 있기 때문입니다. 반면 수능 영어를 준비할 때는 완전히 다른 방향이 필요합니다. 새로운 지문을 처음 읽더라도 빠르고 정확하게 이해하고 문제를 해결할 수 있는 실력, 즉 실전 독해력과 문제 해결력을 키우는 데 초점을 두어야 합니다.

그리고 수능 영어에서는 약점의 발견과 보완이 중요하게 작용합니다. 약점을 고치려면 먼저 그것을 정확히 파악해야 하지요. 그리고 약점을 가장 효과적으로 찾아내는 방법은 바로 문제 풀이입니다.

수능이나 모의고사 영어 문제를 푸는 과정에서 우리는 먼저 지문을 읽고 이해하는 독해 과정을 거칩니다. 이때 우리가 알고 있는 어휘력, 문법 지식, 그리고 독해 능력이 모두 동원됩니다. 즉, 문제를 푼다는 것은 단순히 정답을 찾는 행위가 아니라, 영어를 구성하는 모든 요소를 동시에 활용하는 종합적인 과정입니다. 그러니 문제 풀이 자체가 곧 영어 실력을 확인하고 발전시키는 가장 효율적인 학습 방법이 됩니다.

문제를 풀다가 오답을 선택했거나, 정답을 맞혔더라도 풀이 과정이 명확하지 않았다면, 어느 한 부분에서 약점이 있는 것입니다. 이런 경우에는 문제를 푸는 과정을 다시 되짚어봅니다. 즉, 지문을 읽고 해석하며 답을 도출하는 사고의 흐름 전체를 복기해야 합니다. 만약 모르는 단어가 많았다면 어휘력에 약점이 있는 것이고, 단어는 모두 알았지만 문장이 매끄럽게 해석되지 않았다면 문법이나 독해력에 약점이 있는 것입니다. 또한 문장을 제대로 이해했음에도 정답을 확신하지 못했거나 틀린 선택지를 골랐다면 문제 풀이 과정, 즉 논리적 판단력과 선택의 정확성에 약점이 있다고 볼 수 있습니다.

약점을 정확히 파악하기 위해서는 매일 꾸준히 문제를 푸는 습관이 필요합니다. 저는 하루에 최소 다섯 문제 이상을 지속적으로 풀어볼 것을 권합니다. 그 과정에서 발견한 약점은 반드시 기록으로 남겨야 합니다.

　예를 들어, 어휘에서 막혔다면 해당 단어의 뜻과 함께 예문까지 정리하고, 문장이 해석되지 않았다면 올바른 해석과 함께 놓쳤던 문법 요소를 기록하며, 정답을 고르지 못했거나 확신이 없었다면 올바른 선택에 이르기 위해 거쳐야 했을 사고 과정을 정리합니다. 이렇게 자신이 틀린 이유와 보완 방법을 하나하나 기록해두면, 단순한 오답 노트를 넘어 '약점 보완 노트'로 발전할 수 있습니다.

　약점들을 모두 기록했다면, 이제는 그것들을 실제로 고치는 단계로 넘어가야 합니다. 이때 가장 먼저 고려해야 할 것은 바로 약점의 개수입니다. 만약 약점의 수가 많지 않다면, 굳이 전체 개념을 처음부터 다시 공부할 필요는 없습니다. 앞서 기록한 약점과 그 해결 방법을 주기적으로 복습하는 것만으로도 충분히 개선할 수 있습니다. '빈대 잡으려다 초가삼간 태운다'라는 속담처럼 작은 약점을 고치려다 불필요하게 모든 내용을 다시 공부하는 것은 효율적이지 않다는 뜻입니다. 핵심만 짚어 복습하는 것이 훨씬 효과적입니다.

　단어에서 약점이 드러났다면, 그 단어를 다시 외우면 됩니다. 문법에서 약점이 있었다면, 해당 문법 사항을 정확히 다시 학습합니다. 또 독해가 제대로 되지 않았다면, 문제의 문장을 올바르게 해석하고, 문장을 끊어 읽으며 각 구절의 의미를 하나씩 파악하는 '끊어읽기 연습'을 병행하면 좋습니다.

마지막으로 문제 풀이 단계에서 확신이 부족했거나 정답을 제대로 고르지 못했다면, 그 문제에서 정답에 도달하기 위해 거쳐야 했을 사고 과정을 다시 복기해보는 것으로 충분합니다. 즉, 약점을 발견했다면 복잡하게 접근할 필요 없이, 영역별로 단순하고 직접적인 보완을 하는 것이 가장 효과적입니다.

그러나 약점의 개수가 많을 때는 약점이 드러난 부분만 보완하기보다는 관련된 전체 개념을 다시 복습하는 것이 훨씬 좋습니다. 그 이유는 두 가지입니다.

첫째, 스스로 인식하지 못한 약점이 더 많이 있을 가능성이 높습니다. 둘째, '발견 → 보완 → 또 다른 발견 → 또 다른 보완'을 계속 반복하는 방식은 시간과 에너지를 크게 소모하기 때문입니다. 따라서 다음과 같은 방식으로 접근하는 것을 추천합니다.

---

### 〈영어〉 과목의 약점 보완법

**단어:** 현재 사용하는 교재나 문제집에서 모르는 단어가 너무 많다면, 자신의 수준에 맞는 단어 학습을 처음부터 다시 진행합니다.

**독해:** 해석이 되지 않는 문장이 많다면, 구문 독해 학습을 처음부터 다시 복습합니다. 문장 구조와 끊어 읽기 훈련을 다시 다지는 것이 중요합니다.

> **문제 풀이:** 단어와 독해는 문제없는데 사고 과정에서 자주 막힌다면, 이전에 익혔던 유형별 문제 풀이 방법을 복습하며, 다시 체계를 세우는 것이 좋습니다.

지금까지 영어의 요소별 학습 순서, 내신과 수능의 출제 형태, 그리고 문제를 풀며 약점을 파악하고 보완하는 방법까지 모두 살펴보았습니다. 〈영어〉 공부의 핵심은 다음 두 가지로 정리할 수 있습니다.

**1. 약점 보완에 집중해야 한다.**

**2. 내신과 수능은 철저히 구분하여 학습해야 한다.**

이 두 가지 원칙을 염두에 두고 공부한다면, 불필요한 시간 낭비 없이 효율적으로 〈영어〉 실력을 쌓을 수 있을 것입니다. 체계적이고 꾸준한 학습을 통해 원하는 목표를 반드시 이루시기를 바랍니다.

# <사회> 과목에 대한 이해

　　<사회>는 '일반사회(경제, 정치, 법, 사회와 문화)'와 '일반사회가 아닌 내용 (지리, 윤리, 역사 등)'으로 나뉩니다. 이는 교육과정 개정과 관계없이 적용이 되는 부분입니다. '일반사회'는 전반적으로 빠르고 정확한 상황 판단을 요 구하는 과목인 반면, '일반사회' 이외의 영역은 개념의 정확한 이해와 암기 력을 중심으로 평가되는 경향이 두드러집니다. 그래서 영역별로 고난도 요소의 차이는 다음과 같이 구분됩니다.

**일반사회 영역**: 사고력, 분석력, 상황 판단 능력이 핵심

**지리·윤리·역사 등의 영역**: 개념 이해, 암기력, 맥락 파악 능력이 핵심

사회 과목은 같은 이름 아래에서도 '사고 중심형'과 '암기 중심형 학습 전략이 병행되어야 하는 과목입니다.

---

**15.** 다음 자료에 대한 옳은 분석 및 추론만을 <보기>에서 고른 것은?

[3점]

갑은 여행을 가기 위해 이동 수단 A ~ C 중 하나를 합리적으로 선택하려고 한다. 표는 A ~ C의 가격과 갑의 선택으로 발생하는 편익을 나타낸다. 단, 제시된 자료 외에 다른 조건은 고려하지 않는다.

| 이동 수단 | 가격(만 원) | 편익(만 원) |
|:---:|:---:|:---:|
| A | 4 | 7 |
| B | 5 | 9 |
| C | ㉠ 7 | 15 |

─── <보 기> ───
ㄱ. A 선택의 암묵적 비용은 4만 원이다.
ㄴ. B 선택의 명시적 비용은 5만 원이다.
ㄷ. C 선택의 기회비용이 가장 크다.
ㄹ. ㉠이 '10'으로 변동하면 B 선택의 기회비용은 감소한다.

① ㄱ, ㄴ  ② ㄱ, ㄷ  ③ ㄴ, ㄷ  ④ ㄴ, ㄹ  ⑤ ㄷ, ㄹ

▶ 2024년 고1 〈9월 모의고사〉 15번(오답률 63.5%)

---

위 문제는 일반사회 중 '경제' 영역에서 출제된 문항으로, 제시된 자료를 바탕으로 한 빠르고 정확한 상황 판단 능력을 요구했습니다. 그래서 수치 계산이나 비용 비교를 통해 경제적 상황을 해석하는 데 어려움을 겪는 학생이라면, 이 문제에서도 당연히 큰 어려움을 느꼈을 가능성이 높습니다. 단순한 개념 암기보다 자료 해석과 수리적 사고력이 성패를 가르는 핵심이었던 셈입니다.

**11.** 다음 자료의 (가) 국가를 지도의 A ~ E에서 고른 것은? [3점]

< (가) 의 국장 >
사자 문양의 방패가
왕관과 지팡이, 훈장 등
으로 장식되어 있다.

(가) 은/는 네덜란드어, 프랑스어, 독일어를 공용어로 사용한다. 국장의 아래쪽에 그려진 리본에는 프랑스어와 네덜란드어로 '단결이 힘이다'라는 문구가 쓰여 있다. 하지만 국장의 문구와는 달리 남부의 프랑스어 권역과 북부의 네덜란드어 권역 간 갈등이 매우 심각하다. 여기에 지역 간 경제 격차까지 커지면서 나라가 남과 북으로 갈라질 위기에 처해 있다.

① A
② B
③ C
④ D
⑤ E

▶ 2024년 고1 〈3월 모의고사〉 11번(오답률 70.1%)

위 문제는 '일반사회'가 아닌 '지리' 영역에서 출제된 문항으로, 제시된 자료를 통해 해당 국가를 정확히 암기하고 있는지를 평가했습니다. 그러니 해당 국가를 기억하지 못한 학생들은 자연스럽게 오답을 선택할 수밖에 없었을 것입니다. 이처럼 '일반사회' 영역과 '일반사회가 아닌 영역(지리, 윤리, 역사 등)'에서 출제되는 문제는 중요하게 평가되는 포인트가 확연히 다릅니다.

지금부터 각각의 영역에서 효과적인 공부 방법을 따로 설명하도록 하겠습니다. 또 한 가지 짚고 넘어가야 할 점은, 〈사회〉 과목에서는 내신과 수능(또는 모의고사) 간의 차이가 크지 않다는 것입니다. 따라서 〈사회〉는 내신용 공부와 수능용 공부를 굳이 구분할 필요가 없는 과목입니다. 핵심 개념을 정확히 이해하고, 자료 해석과 개념 암기를 균형 있게 연습하는 것이 가장 효율적인 학습 전략입니다.

## '일반사회' 공부법

앞서 설명한 것처럼, 일반사회 영역의 문제는 전반적으로 빠르고 정확한 상황 판단 능력, 특히 수 계산을 통한 자료 해석력을 요구하는 경향이 강합니다. 이 특징은 2015 개정 교육과정에서의 일반사회 과목인 사회·문화, 정치와 법, 경제 모두에 공통으로 나타났습니다.

그리고 교육부가 공개한 2028학년도 〈대학수학능력시험〉 통합사회 예시 문항에서도 동일한 흐름이 확인됩니다. 즉, 교육과정이 바뀌어도 일반사회 영역은 여전히 '자료를 빠르게 읽고, 수치와 개념을 종합적으로 판단하는 능력'을 핵심 역량으로 평가하고 있음을 알 수 있습니다.

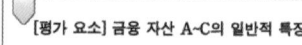

**예시문항 12**

▣ 다음 자료에 대한 설명으로 옳은 것은? (단, A~C는 각각 예금, 주식, 채권 중 하나임.)

**[평가 요소] 금융 자산 A-C의 일반적 특징**

**[서술형 문항]**

〈1〉 C와 구별되는 A의 일반적 특징을 1가지만 쓰시오. (1점)
〈2〉 C와 구별되는 B의 일반적 특징을 1가지만 쓰시오. (1점)
〈3〉 A와 구별되는 C의 일반적 특징을 1가지만 쓰시오. (1점)

**[학생 답안지]**

| 서술형 문항 | 답안 | 점수 |
|---|---|---|
| 〈1〉 | 배당 수익을 기대할 수 있다. | 1점 |
| 〈2〉 | 예금자 보호 제도의 적용을 받는다. | 1점 |
| 〈3〉 | (가) | ㉠ |

＊각 문항별로 채점하며, 옳은 답안은 1점, 틀린 답안은 0점을 부여함.

① A는 계약 기간 동안 일정한 금액을 매달 납입하여 만기 시에 원금과 이자를 받는 자산이다.
② 일반적으로 A는 C보다 안전성이 높다.
③ 일반적으로 B는 A보다 수익성이 높다.
④ B와 C는 모두 이자 수익을 기대할 수 있다.
⑤ (가)에 '시세 차익을 기대할 수 있다.'가 들어가면, ㉠은 '1점'이다.

▶ 2028학년도 〈대학수학능력시험〉 통합사회 예시 문항 12번

> ● 서술형 문항에 대한 평가와 판단을 요구한다.

따라서 '일반사회' 영역을 공부할 때는 '자료 분석 능력'을 기르는 것을 최우선 목표로 삼아야 합니다. 이미 2015 개정 교육과정에서도 대부분의 '일반사회' 문제가 그래프, 표, 통계 등의 자료를 해석하고 판단하는 형태로 출제되었습니다. 이러한 출제 경향은 앞으로도 계속 이어질 가능성이 높습니다.

즉, 2022 개정 교육과정에서도 동일하게 자료를 해석하고 상황을 종합적으로 판단하는 능력이 평가의 핵심이 될 것으로 예상됩니다.

---

**15.** 다음 자료에 대한 분석으로 옳은 것은? (단, A, B는 각각 공공 부조와 사회 보험 중 하나임.)

갑국에는 사회 보장 제도 A, B만 존재하며, A, B는 우리나라의 사회 보장 제도와 동일하다. A는 사전 예방적 성격이 강한 제도이고, B는 사후 처방적 성격이 강한 제도이다.

표는 갑국의 (가)~(다) 지역별 전체 인구 중 A, B 수급자 비율 및 비(非)수급자 비율을 나타낸 것이다. 비(非)수급자는 A나 B 중 어느 것도 받지 않는 사람으로서, A나 B의 복지 혜택이 필요하지만 수급 자격 조건에 미달하여 받지 못하는 사람(탈락자)과 비(非)수급자에서 탈락자를 제외한 사람(비(非)탈락자)으로 구성된다. 단, (가)~(다) 지역의 중복 수급자 수는 동일하다.

(단위 : %)

| 구분 | A 수급자 | B 수급자 | 중복 수급자 | 비(非)수급자 | |
|---|---|---|---|---|---|
| | | | | 탈락자 | 비(非)탈락자 |
| (가) 지역 | 73 | 20 | ㉠ | 12 | 10 |
| (나) 지역 | 72 | 28 | 15 | 5 | ㉡ |
| (다) 지역 | 50 | ㉢ | 10 | 8 | 32 |

* 중복 수급자: A 수급자이면서 동시에 B 수급자인 사람

① ㉠은 (나) 지역의 선별적 복지의 성격이 강한 제도에만 해당하는 수급자 비율보다 작다.

② ㉡은 (가) 지역의 부정적 낙인이 발생할 수 있는 제도에만 해당하는 수급자 비율과 같다.

③ ㉢은 (다) 지역의 상호 부조의 원리가 적용되는 제도에만 해당하는 수급자 비율의 2배이다.

④ (가) 지역의 탈락자 수보다 (나) 지역의 비(非)탈락자 수가 많다.

⑤ 금전적 지원을 원칙으로 하는 제도의 수급자 수는 (다) 지역이 가장 많다.

▶ 2025학년도 〈대학수학능력시험〉 사회·문화 오답률 1위(75.6%) 문제

**✪ 수 계산을 통한 자료 분석 능력을 물어보는 형태로 출제되었다.**

**5.** 다음 자료에 대한 분석 및 추론으로 옳은 것은? [3점]

다음은 □□국의 정치 상황을 정리한 것이다. 정부 형태 변경 전후 □□국의 정부 형태는 전형적인 대통령제 또는 전형적인 의원 내각제 중 어느 하나에 해당한다. 의회의 총의석수는 100석으로 변동이 없다.

- ㅇ t대 의회 의원 선거 결과, 직전 의회에 비해 A당은 10석 증가, B당과 C당이 각각 8석, 2석씩 감소하여 행정부 수반 갑이 소속된 정당이 원내 과반 의석을 유지할 수 없게 됨. t대 의회 의원의 임기는 행정부 수반 갑의 임기 중 3년 차가 시작되는 날 동시에 시작됨.
- ㅇ t+1대 의회 의원 선거 결과, 행정부 수반 을이 소속된 정당은 원내 과반 의석을 유지할 수 없게 됨.
- ㅇ t+1대 의회 의원과 행정부 수반 을의 임기가 동시에 종료되면서 □□국은 처음으로 정부 형태가 변경됨. t+2대 의회 의원 선거 결과에 따라 행정부 수반으로 병을 선출함.
- ㅇ 의회 의원의 임기는 4년이고, 행정부 수반 갑, 을의 임기는 5년임.

〈t ~ t+2대 의회의 정당별 의석수〉

| 구분 | 정당별 의석수(석) | | |
|------|------|------|------|
| | A당 | B당 | C당 |
| t대 | 51 | 43 | 6 |
| t+1대 | 44 | 51 | 5 |
| t+2대 | 47 | 46 | 7 |

＊정당별 의석수는 해당 의회 의원의 임기 내에서 변동이 없고, 행정부 수반의 당적은 임기 내에서 변동이 없음.

① 갑의 임기 중 1년 차에 갑의 소속 정당은 의회 내에서 과반 의석을 확보하고 있다.
② 병은 국가 원수로서의 지위에서 의회 해산권을 가진다.
③ t대 의회 의원의 임기 내내 A당은 야당으로서 행정부 수반을 견제한다.
④ t+1대 의회에서는 행정부 수반 을이 제출한 법률안이 과반 의석을 확보한 야당의 견제로 통과될 가능성이 낮다.
⑤ t대와 달리 t+2대 의회 의원은 각료를 겸직할 수 없다.

▶ 2025학년도 〈대학수학능력시험〉 정치와 법 오답률 1위(69.0%) 문제

● 수 계산을 통한 자료 분석 능력을 물어보는 형태로 출제되었다.

**20.** 다음 자료에 대한 분석 및 추론으로 옳은 것은? (단, 제시된 자료 이외의 다른 조건은 고려하지 않음.)

갑은 t시점에 자신이 보유하고 있는 ㉠ 전 자산을 정기 예금, 주식, 채권에 동일한 금액으로 나누어 1년간 투자하려고 한다. 정기 예금의 연 이자율은 10%이다. 그림은 t+1년 시점에 투자가 종료될 경우 예상되는 각 상황별 갑의 자산 대비 정기 예금, 주식, 채권의 구성 비율을 나타낸다.

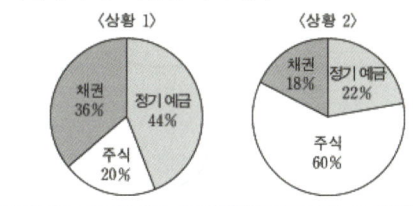

〈상황 1〉
채권 36%
정기 예금 44%
주식 20%

〈상황 2〉
채권 18%
정기 예금 22%
주식 60%

① 시세 차익을 기대할 수 있는 상품의 구성 비율은 두 상황 모두 낮아진다.
② 채권은 두 상황 모두 손실이 발생한다.
③ 배당 수익을 기대할 수 있는 상품의 수익은 〈상황 1〉이 〈상황 2〉보다 많다.
④ 갑의 투자 수익은 〈상황 1〉이 〈상황 2〉보다 많다.
⑤ 전 자산을 주식과 채권에 절반씩 투자한다면, 〈상황 1〉과 〈상황 2〉 간 투자 수익 차이는 ㉠의 경우에 비해 작아진다.

▶ 2025학년도 〈대학수학능력시험〉 경제 오답률 1위(69.9%) 문제

**○ 이것마저 수 계산을 통한 자료 분석 능력을 물어보는 형태로 출제되었다.**

이 말은 곧 '일반사회' 영역에서는 단순히 개념을 아는 것만으로는 문제를 풀 수 없다는 의미입니다. 실제 시험에서는 개념이 언제나 자료의 형태로 '꼬여서' 제시되며, 우리는 그 자료를 직접 해석하고 적용해야 하기

때문이지요.

그러니 '일반사회' 내용을 공부할 때는 개념서만으로 학습을 끝내지 말고, 반드시 문제 풀이 중심의 교재를 함께 활용해야 합니다. 특정 단원의 개념 학습을 마쳤다면, 바로 이어서 관련 문제를 충분히 풀어보는 것이 좋습니다. 이런 학습 방식은 두 가지 측면에서 효과적입니다.

첫째, 자료 분석 능력을 자연스럽게 키울 수 있고, 둘째, 문제를 풀면서 개념이 실제로 어떻게 적용되는지를 체감하며 이해가 더욱 깊어집니다.

결국 '일반사회' 영역 학습의 핵심 전략은 개념 학습과 문제 풀이를 하나의 연결된 과정으로 병행하는 것입니다. 다행히도, '일반사회' 영역은 지리·윤리·역사 같은 영역보다 암기의 비중이 훨씬 적습니다. 애초에 외워야 할 개념의 양이 많지 않고, 변별력은 이미 자료 분석 능력을 통해 충분히 확보되었기에 불필요한 암기 요소를 늘릴 이유가 없는 것입니다.

그렇기에 '일반사회'를 위한 최적의 공부 방법은 다음과 같습니다. 각자만의 방법을 통해 개념을 학습한 뒤, 문제 풀이를 통해 자료 분석 능력을 기르고, 습득한 개념을 온전히 이해할 수 있게끔 노력하는 것입니다. 매일 정해진 분량의 개념을 학습한 직후, 잊어버리기 전에 학습한 개념에 해당하는 분량의 문제들을 모두 풀어보는 것입니다.

# '일반사회'가 아닌 영역의 공부법

일반사회가 아닌 내용의 문제들은 개념의 정확한 이해와 암기를 요구하는 경향이 강합니다. 이는 2015 개정 교육과정의 '일반사회' 과목이었던 한국지리, 세계지리, 생활과 윤리, 윤리와 사상, 동아시아사, 세계사 모두에 적용었으며, 교육부 보도 자료에서 나온 2028학년도 〈대학수학능력시험〉 통합사회 예시 문항에서도 마찬가지로 나타났습니다.

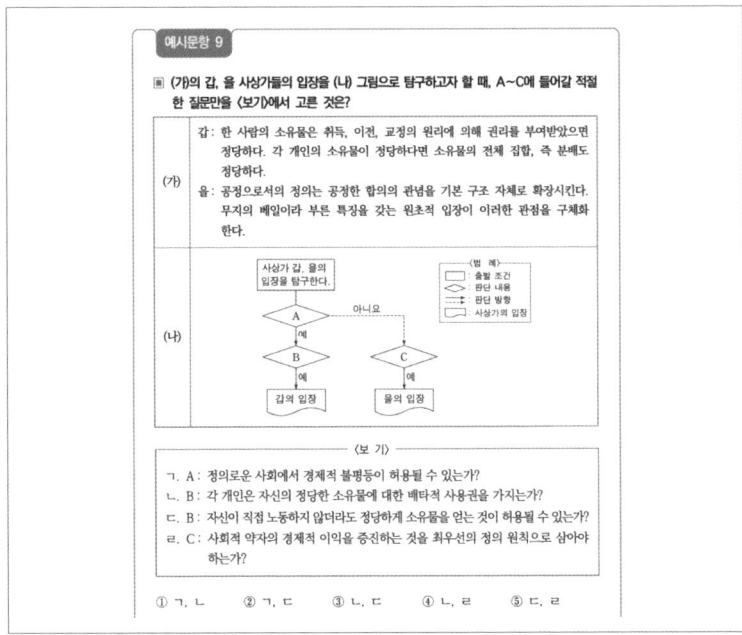

▶ 2028학년도 〈대학수학능력시험〉 통합사회 예시 문항 9번

**○ 사상가들의 입장에 대한 정확한 이해와 암기를 요구한다.**

그렇기에 이 영역의 학습에서는 개념의 정확한 이해와 암기를 첫 번째 목표로 삼아야 합니다. 이미 2015 개정 교육과정에서도 이들 과목의 대부분 문제는 핵심 개념을 얼마나 정확히 알고 있는가를 중심으로 출제되었습니다. 이러한 경향은 2022 개정 교육과정에서도 그대로 이어질 가능성이 매우 높습니다.

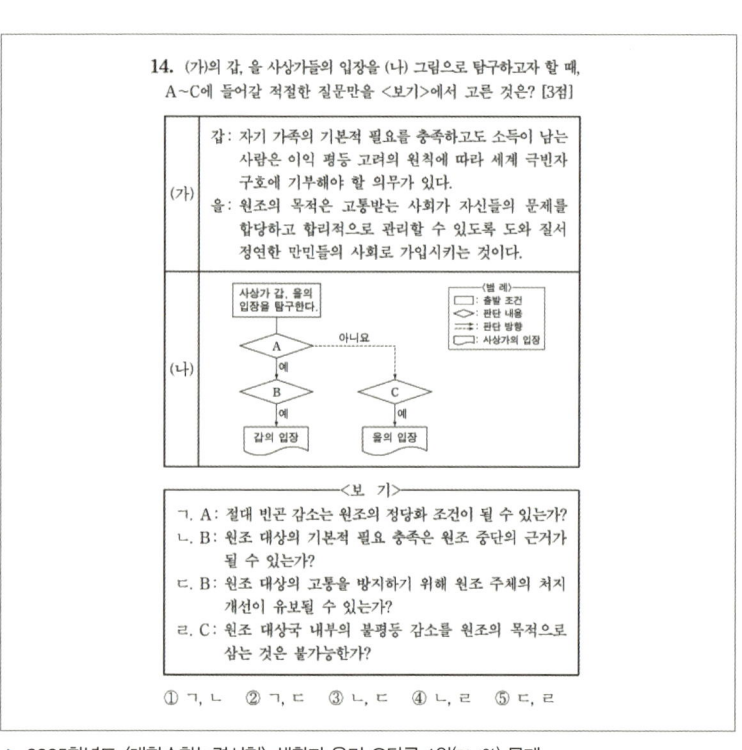

▶ 2025학년도 〈대학수학능력시험〉 생활과 윤리 오답률 1위(76.4%) 문제

**❂ 사상가들의 입장에 대한 정확한 이해와 암기를 요구하는 형태로 출제되었다.**

**13.** 그래프는 지도에 표시된 네 지역과 대전 간의 기후 값 차이를 나타낸 것이다. 이에 대한 설명으로 옳은 것은? (단, (가), (나) 시기는 각각 1월과 8월 중 하나임.)

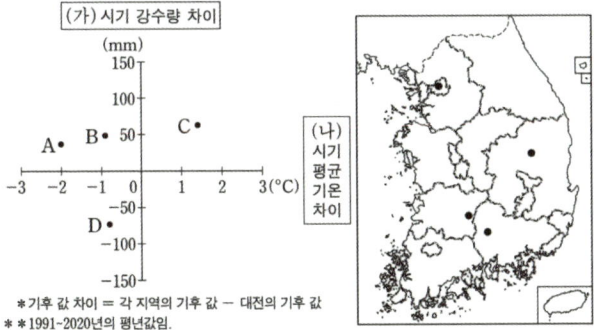

\* 기후 값 차이 = 각 지역의 기후 값 − 대전의 기후 값
\* \* 1991~2020년의 평년값임.

① C는 대전보다 기온의 연교차가 크다.
② A는 B보다 (가) 시기의 평균 기온이 높다.
③ C는 A보다 겨울 강수량이 많다.
④ A와 D의 위도 차이는 B와 C의 위도 차이보다 더 크다.
⑤ A~D 중 평균 열대야 일수가 가장 많은 곳은 B이다.

▶ 2025학년도 〈대학수학능력시험〉 한국지리 오답률 1위(78.1%) 문제

> ● A~D 지역과 (가), (나) 시기 강수량, 평균 기온 등의 개념에 대한 암기를 요구하는 형태로 출제되었다.

**4.** (가), (나) 국가에 대한 설명으로 옳은 것은?

> 공의 선조는 한강 이남으로 내려와 흑치에 봉해졌기 때문에 자손들이 흑치를 성씨로 삼았다. 그 가문은 대대로 달솔의 직위에 올랐는데 달솔은 ☐(가)☐의 병부 상서에 해당한다. 증조부의 이름은 문대이고, 할아버지의 이름은 덕현이며, 아버지의 이름은 사차이다. 우리 황제께서 형국공을 보내어 신라와 연합하여 ☐(나)☐을/를 평정하자, 그 임금 부여융과 함께 입조하였으므로 거둬들여 만년현 사람으로 삼았다.

① (가) - 독서삼품과를 실시하였다.
② (가) - 북추밀원과 남추밀원을 설치하였다.
③ (나) - 수의 공격을 받았다.
④ (나) - 한사군 중 낙랑의 유민을 받아들였다.
⑤ (나) - 중앙 기구로 2관 8성제를 운영하였다.

▶ 2025학년도 〈대학수학능력시험〉 동아시아사 오답률 1위(69.2%) 문제

> **◉ (가), (나) 국가부터 그 특징까지,**
> **모든 사항에 대한 암기를 요하는 형태로 출제되었다.**

이는 일반사회가 아닌 영역에서는 개념 학습 그 자체가 가장 큰 고비가 된다는 점을 의미합니다. 이 영역은 개념의 양이 방대하고, 그중에는 이해하기 까다로운 내용도 많기 때문입니다. 물론 2022 개정 교육과정의 통합사회 1·2에서는 역사 영역의 비중이 거의 사라졌지만, 여전히 지리 영역이 방대한 암기량을 요구하는 대표적인 분야로 남아있습니다.

하지만 '윤리(사실상 철학)'와 '지리' 영역처럼 개념이 끝없이 이어지는

과목은 현실적으로 모든 내용을 암기하는 것이 불가능합니다. 인간의 뇌는 스펀지가 아니기 때문이지요. 그래서 우리는 개념 학습을 진행할 때, 각 개념의 중요도가 얼마나 높은지를 반드시 고려해야 합니다. 이 지점에서 자연스럽게 한 가지 의문이 생깁니다.

"개념의 중요성은 어떻게 판단해야 할까?"

이에 대한 가장 명확한 답은 바로 '기출 문제'입니다. 실제 시험 문제로 출제되었다는 것은, 그 개념이 상당히 높은 중요도와 재출제 가능성을 지닌다는 의미입니다. 그래서 이미 출제된 문제 속 개념들은 학습 과정에서 우선순위를 가장 높게 두어야 할 핵심 영역입니다. 결국 기출은 단순한 연습 자료가 아니라, '무엇을 중점적으로 공부해야 하는가'를 알려주는 가장 신뢰도 높은 지표인 셈입니다.

'일반사회'가 아닌 영역(지리, 윤리 등)은 개념 학습이 특히 중요한 과목이기 때문에 가능하다면 인강을 통해 공부하는 것을 추천합니다. 이 영역은 개념의 구조가 복잡하고 세부 내용이 방대해서 독학으로 공부할 경우 오개념이 생길 가능성이 매우 높습니다. 전문 강사의 체계적인 설명을 통해 올바른 개념을 잡은 뒤, 문제 풀이로 그 개념을 완전히 체화하는 것이 가장 효율적입니다.

또한 문제를 풀 때는 '오답 선지가 왜 오답인지'를 정리하는 과정을 반드시 포함해야 합니다. 문제를 푸는 것만으로도 개념을 복기하는 효과가 있지만, 오답의 이유를 직접 정리해 보면 개념 복기의 효과가 훨씬 강화됩니다. 이 과정에서 비슷한 개념 간의 혼동도 자연스럽게 줄어듭니다.

결국 사회 과목은 자신이 공부하고자 하는 영역의 특성에 맞게 유연하게 학습 전략을 조정하는 것이 학습의 효율을 극대화하는 가장 현명한 방법입니다.

# 〈과학〉 과목에 대한 이해

　〈과학〉 과목에 대해 전반적으로 먼저 살펴보겠습니다.

　〈통합과학〉이라는 개정 이전 〈과학〉은 '물리학, 화학, 생명과학, 지구과학' 네 가지 영역이었으며, 각 과목에 I과목과 II과목이 존재하여 총 8개의 과목이 있었습니다. 이 네 가지 영역이 합쳐지며 만들어진 과목이 2022년 개정 교육과정부터 적용되는 '통합과학'입니다. 통합과학은 크게는 통합과학 I과 통합과학 II로 구분하며, 총 6개의 대단원으로 이루어져 있습니다.

| 통합과학 I | | 통합과학 II | |
|---|---|---|---|
| 대단원 | 중단원 | 대단원 | 중단원 |
| I. 과학의 기초 | – | IV. 변화와 다양성 | 1. 진화와 생물 다양성 |
| | | | 2. 화학 변화 |
| II. 물질과 규칙성 | 1. 원소의 형성 | V. 환경과 에너지 | 1. 생태계와 환경 |
| | | | 2. 지구 환경의 변화 |
| | 2. 자연을 구성하는 원소 | | 3. 발전과 신재생 에너지 |
| III. 시스템과 상호작용 | 1. 지구 시스템 | VI. 과학과 미래 사회 | – |
| | 2. 역학 시스템 | | |
| | 3. 생명 시스템 | | |

〈통합과학〉 단원 소개(설명의 편의를 위해 통합과학 2의 대단원을 IV부터 시작함)

## I. 과학의 기초

과학을 학습하는 데 필요한 기초적인 내용입니다. 기존 교육과정에서는 고등학교 이전 과정에서 학습하고 넘어와 딱히 언급하지 않던 내용을 아예 대단원으로 편성해서 소개하고 있습니다. 단위에 대한 부분은 다른 단원과 엮어 출제하기 편하므로 잘 살피고 넘어가야 합니다.

## II. 물질과 규칙성

두 개의 중단원으로 구성되며 각각의 중단원은 지구과학과 화학의 내용을 다루며 원소를 중점적으로 다룹니다.

### III. 시스템과 상호작용

통합과학에서 가장 주의 깊게 봐야 하는 단원입니다. 특히 중단원 '2. 역학 시스템' 단원과 '3. 생명 시스템' 단원은 각각 기존 물리학과 생명과학에서도 변별 소재로 자주 활용되므로 집중해서 학습해야 합니다.

### IV. 변화와 다양성

두 개의 중단원으로 구성되며, 각각의 중단원은 생명과학과 화학의 내용을 다룹니다. 특히 '2. 화학 변화'는 기존 화학에서 변별 소재로 활용하던 단원이기에 집중해서 학습해야 합니다.

### V. 환경과 에너지

세 개의 중단원으로 구성되고, 각각의 중단원은 생명과학, 지구과학, 물리학의 내용을 다루며 알아야 할 개념의 양이 많아 암기가 필요합니다.

### VI. 과학과 미래 사회

과학 윤리와 같이 기존 교육과정에는 없던 내용이 새롭게 들어간 단원입니다. 이 단원은 〈통합과학〉보다는 〈통합사회〉에 가깝게 출제될 가능성이 크기 때문에 글을 읽고 해석하는 연습이 필요합니다.

# 기존 교육과정과의 차이

<통합과학>을 공부할 때 가장 중요한 키워드가 있다면 '탐구 및 실험' 문항과 '변화에 대한 적응' 문항일 것입니다. 평가원이 공개한 12개의 통합과학 예시 문항 중 절반 이상인 7문항이 '탐구 및 실험' 문항으로 편성되었습니다.

---

■ **다음은 학생 A가 수행한 탐구 활동이다.**

**[가설]**
° 지구 및 생명 현상에서 산화 환원 반응이 일어나면 | ㉠ |

**[탐구 과정]**
° 산화 환원과 관련한 지구 및 생명 현상 (가)~(다)에서 일어나는 산화 환원 반응의 화학 반응식과 이 반응이 일어날 때 주위로 열을 흡수 또는 방출하는지 조사한다.

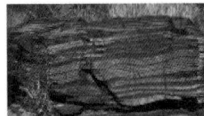  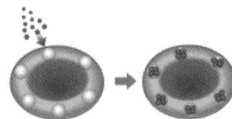

(가) 호상철광층의 형성    (나) 식물의 광합성    (다) 산화 헤모글로빈의 형성

**[탐구 결과]**

| 현상 | 화학 반응식 | 열의 출입 |
|------|-----------|----------|
| (가) | $4Fe + 3O_2 \rightarrow 2Fe_2O_3$ | 방출 |
| (나) | $6CO_2 + 6H_2O \rightarrow C_6H_{12}O_6 + 6O_2$ | |
| (다) | $Hb + O_2 \rightarrow HbO_2$ | 방출 |

**[결론]**
° 가설은 옳다.

학생 A의 결론이 타당할 때, 이에 대한 설명으로 옳은 것만을 〈보기〉에서 있는 대로 고른 것은?

───────────── 〈보 기〉 ─────────────
ㄱ. '주위로 열을 방출한다.'는 ⊙에 해당한다.
ㄴ. (가)의 반응에서 Fe은 전자를 잃는다.
ㄷ. (다)의 반응에서 Hb은 산화된다.

① ㄱ          ② ㄴ          ③ ㄷ          ④ ㄱ, ㄴ          ⑤ ㄴ, ㄷ

---

▣ 다음은 디지털 센서를 활용하여 실시간 기상 데이터를 측정하는 탐구 활동이다.

**[탐구 과정 및 결과]**

(가) 어느 날 오후, 교실 내의 기온, 기압, 절대 습도, 이슬점을 측정하는 디지털 센서를 설치한다.

(나) 디지털 센서와 스마트 기기를 근거리 무선 통신으로 연결한 후, 스마트 기기가 기상 데이터를 30초 간격으로 수신하도록 설정한다.

(다) 스마트 기기에 기록된 〈자료 1〉의 기상 데이터를 이용하여 〈자료 2〉와 같이 (    ⊙    )하고, 〈자료 2〉의 경향성을 해석한다.

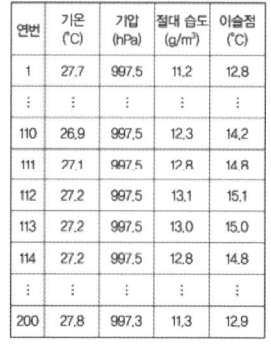

| 연번 | 기온 (℃) | 기압 (hPa) | 절대 습도 (g/m³) | 이슬점 (℃) |
|---|---|---|---|---|
| 1 | 27.7 | 997.5 | 11.2 | 12.8 |
| ⋮ | ⋮ | ⋮ | ⋮ | ⋮ |
| 110 | 26.9 | 997.5 | 12.3 | 14.2 |
| 111 | 27.1 | 997.5 | 12.8 | 14.8 |
| 112 | 27.2 | 997.5 | 13.1 | 15.1 |
| 113 | 27.2 | 997.5 | 13.0 | 15.0 |
| 114 | 27.2 | 997.5 | 12.8 | 14.8 |
| ⋮ | ⋮ | ⋮ | ⋮ | ⋮ |
| 200 | 27.8 | 997.3 | 11.3 | 12.9 |

〈자료 1〉

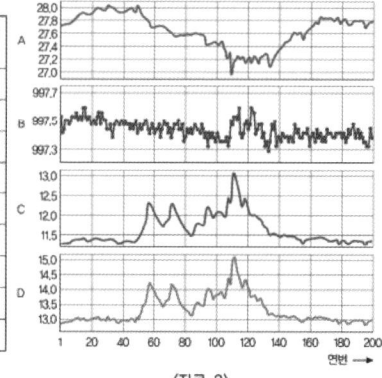

〈자료 2〉

**[결론]**

공기 중 단위 부피당 수증기량(절대 습도)이 많을수록 이슬점은 대체로 (  ⓛ  )한다.

'탐구 및 실험' 문항은 일반 문항과 달리 탐구나 실험 과정을 읽고 해석하는 데 시간이 걸리는 문항입니다. 특히 이 문항이 변별 소재의 형식을 가지고 나온다면 일반 변별 문항보다 더 시간을 많이 소모하게 할 가능성이 큽니다.

〈통합과학〉의 또 다른 키워드는 '변화에 대한 적응'입니다. 기존의 과학 시험은 한 과목을 30분간 응시하고 다른 과목을 30분간 응시했습니다. 하지만 바뀐 시험에서는 40분간의 시험에서 한 시험지 내에서 과목이 확 바뀌는 것을 경험해야 합니다. 기존 과학이 물리학, 화학, 생명과학, 지구과학으로 분야가 나누어져 있는 데는 이유가 있습니다. 같은 과학이지만 각 과목을 풀 때 많은 차이가 있지요. '지구과학'은 낯선 자료의 해석 문항이 나오는 반면, 화학은 익숙하지만 계산량이 많은 문항이 출제됩니다. 또한 〈통합과학〉만이 할 수 있는 출제 방식이 있는데, 그것은 바로 '단원 간의 융합'입니다. 기존 교육과정에서는 지구과학 문항에 속도와 같은 물리적 요소가 많이 등장하지만, 물리학의 요소를 너무 많이 넣을 수 없었고, 생명과학 문항에 원소의 화학 반응이 많이 등장하지만, 화학의 요소를 너무 많이 넣을 수 없었습니다. 이는 4개의 영역이 철저하게 구분되어 있고, 각 영역을 침범하지 않도록 평가원이 문제를 냈기 때문입니다. 그런데 이제는 그런 철저한 구분이 사라졌습니다. 오히려 아래 예시 문항에서 알 수 있듯이 평가원은 다른 단원, 다른 영역의 내용을 섞어 문항을 출제합니다.

▶ 평가원 예시 문항 중 단원 융합 문항 (출처: 한국교육과정평가원)

예시 문항은 간단한 내용이지만, 앞서 단원 소개 때 말했던 단위와 물리학의 융합, 화학과 생명과학의 융합이 문항으로 출제되면 상당히 까다로운 난이도의 문항으로 출제될 가능성이 큽니다. 더 나아가 'Ⅵ. 과학과 미래 사회' 단원에서 과학 윤리와 생명과학을 결합해 생명 공학 기술의 윤리적 문제점 문항이 출제될 가능성도 있습니다. 이 외에도 예상하지 못한 단원 간의 융합이 일어날 가능성이 매우 커졌고, 이는 평소에 보던 형식의 문항이 아닌 '낯선 형태의 문항'이 출제될 가능성 역시 매우 커졌음을 의미합니다. 평소에 생명과학만 공부할 때는 크게 고려하지 않던 화학과 지구과학만 공부할 때는 크게 고려하지 않던 물리를 이제는 필수적으로 고려해야 합니다.

그래서 〈통합과학〉을 공부할 때는 정말 다양한 문항을 풀어봐야 합니다. 변화에 대한 적응 연습이 되어 있지 않다면, 통합과학에서 고득점을 기대하기는 어렵습니다.

## 변별 요소를 찾기

수능에서 고득점을 기대하려면, 그 과목의 주요 변별 요소에 대한 공부와 대비가 철저해야 합니다. 과거에는 이를 '킬러 문항'이라고 부르기도 했습니다. 여기서는 '변별 소재'로 순화해서 이들의 특징을 알아보겠습니다.

〈통합과학〉에서 가장 두드러지는 변별 소재 3가지는 '역학,' '화학 반응,' '전사와 번역'입니다. 이 셋은 각각 개정 전 물리I, 화학I, 생명과학II에서 변별 소재로 사용되던 것들입니다. 다음 표는 개정 전과 개정 후 각 변별 요소들이 어떻게 변했는지를 나타낸 것입니다. (화학 반응은 화학II에도 있었으나, 통합과학 주된 내용이 화학I을 기반으로 하고 있으므로 이는 생략하겠습니다.)

### 〈통합과학〉 변별 요소의 개정 전과 개정 후의 차이

| 구분 | 개정 전 | 개정 후 |
|------|---------|---------|
| **역학**<br>(물리 I) | ○ 속도와 가속도<br>○ 중력과 뉴턴의 운동 법칙<br>○ 퍼텐셜 에너지와 운동 에너지<br>○ 운동량과 충격량 | ○ 속도와 가속도<br>○ 중력과 뉴턴의 운동 법칙<br>(일부 존재)<br>○ 운동량과 충격량 |
| **화학 반응**<br>(화학 I) | ○ 원소의 특징<br>○ 몰과 화학량<br>○ 산화 반응<br>○ 중화 반응 | ○ 원소의 특징<br>○ 산화 반응<br>○ 중화 반응 |
| **전사와 번역**<br>(생명과학 II) | ○ DNA의 복제<br>○ RNA의 전사 과정<br>○ RNA 번역 과정 | ○ RNA의 전사 과정<br>○ RNA 번역 과정 |

전체적으로 살펴보았을 때 개정 전에 비해 개정 후 요소들이 많이 줄었음을 알 수 있습니다. 역학의 경우 뉴턴의 운동 법칙 중 관성의 법칙 정도만이 온전히 남아있고, 기존에 힘이나 속도, 가속도와 연계되어 어렵

게 출제되던 퍼텐셜 에너지와 운동 에너지는 없어졌습니다. 화학 반응의 경우 흔히 '양적 관계'라고도 불리던 몰과 화학량에 대한 부분이 없어져 산화 반응과 중화 반응에서 낼 수 있는 소재들이 크게 줄었습니다. 전사와 번역의 경우 DNA의 복제 과정이나 전사, 번역의 상세한 과정이 완전히 사라졌으나 코돈으로 아미노산이 번역된다는 기조는 남아있고, 기존의 단원 자체도 적은 개념으로 어마어마한 난이도의 문제를 뽑아내던 단원이기에, 가장 경계해야 하는 단원입니다.

이렇게 보면 통합과학의 변별 요소가 줄어 '이 과목이 쉬워졌나?'라는 생각이 들 수 있습니다. 그러나 '다른 영역과의 융합'이라는 예전에는 거의 불가능에 가까웠던 문항 출제가 가능하므로, 변별 요소는 물론 기본 개념 문항 또한 까다롭게 느껴질 가능성이 큽니다.

변별 요소와 관련하여 마지막으로 알아두어야 할 것은, 상당히 많은 단원에서 변별 문항이 출제될 가능성이 크다는 것입니다. 기존 과학의 경우 변별 요소가 출제되는 부분과 그렇지 않은 부분이 명확하게 구분되어 있었고(특히 생명과학의 경우), 학생들은 그에 맞추어 공부하면 되었습니다. 그러나 통합과학에서는 단원 간의 융합, 그리고 탐구 문항의 출제가 너무나도 자유롭다 보니 분명 태양 에너지 단원인데 에너지양을 구하는 과정에서 I단원의 단위 환산이 사용되거나, 광합성 단원인데 산화 반응의 내용이 사용되어 난이도가 높아지는 등 다양하게 융합이 가능합니다. 그래서 예전 과학을 공부했던 것처럼 '이 부분은 변별 단원이고, 이 부분은 아니기 때문에 여기에만 엄청난 시간을 투자해야지!'라는 생각은 상당히 잘못되었습니다.

## 변화 속에서도 흔들리지 않는 공부 전략

교육과정은 주기적으로 개정되고, 이에 따라 학습해야 할 내용이나 입시 전략이 바뀌곤 합니다. 이번 탐구 교육과정 개정은 근 15년 간의 개정 중에서 가장 급진적인 개혁으로, 모든 수험생이 똑같은 사회와 과학 시험지를 풀게 되었습니다.

학생들 사이에서는 모수가 늘어나서 입시에 유리하다는 시선과 그만큼 평가원이 변별 문항을 많이 출제할 것이라는 시선이 공존하고 있습니다. 둘 다 틀린 말은 아닙니다. '상대 평가' 시험에서 모수가 많다는 것은 그만큼 등급을 따내는 측면에서는 유리하기도 하며, 한편으로는 국어와 수학처럼 모든 수험생이 응시하는 '상대 평가' 시험이기 때문에 마냥 쉽게는 출제되지 않을 것입니다.

전통적으로 어떤 과목이든 개정 첫해에는 이렇듯 혼란스러운 상황이 이어지고, 평가원 모의고사 하나하나에 쓸데없이 엄청난 의미를 부여하며 출제 방향을 마음대로 억측해 버리면서 수능에서 좋지 않은 결과를 만드는 사람들이 많았습니다.

이 글을 읽는 여러분은 전통적으로 선배 수험생들의 잘못을 반복하지 않기를 바랍니다. 아무리 교육과정이 변해도 결국 수능은 그 과목을 꼼꼼하게, 빠짐없이 개념을 학습하고 많은 문제 풀이를 통해 경험을 많이 쌓는 사람이 승리하는 시험입니다.

# 지금 공부해도 절대 늦지 않습니다!
# 내 성적으로는 서울대 못 갈 줄 알았다

**1판 1쇄 인쇄** 2025년 12월 5일
**1판 1쇄 발행** 2025년 12월 12일

**지은이** 한정윤
**발행인** 김형준

**총괄** 김아롬
**책임편집** 배혜진
**디자인** 홍정순
**기획관리** 허양기
**마케팅** 고유림

**발행처** 체인지업북스
**출판등록** 2021년 1월 5일 제2021-000003호
**주소** 경기도 고양시 덕양구 원흥동 705, 306호
**전화** 02-6956-8977
**팩스** 02-6499-8977
**이메일** change-up20@naver.com
**블로그** blog.naver.com/changeupbooks

**ISBN** 979-11-91378-86-3 (43370)

**체인지업북스는 내 삶을 변화시키는 책을 펴냅니다.**